苏东坡传

此心安处是吾乡

白凝——著

辽宁人民出版社

图书在版编目（CIP）数据

苏东坡传：此心安处是吾乡 / 白凝著. — 沈阳：辽宁人民出版社, 2022.1（2024.4重印）
ISBN 978-7-205-10261-6

Ⅰ. ①苏… Ⅱ. ①白… Ⅲ. ①苏轼（1036–1101）–传记 Ⅳ. ①K825.6

中国版本图书馆 CIP 数据核字（2021）第 169919 号

出版发行：辽宁人民出版社
地址：沈阳市和平区十一纬路 25 号　邮编：110003
电话：024-23284321（邮　购）　024-23284324（发行部）
传真：024-23284191（发行部）　024-23284304（办公室）
http://www.lnpph.com.cn
印　　刷：天津睿和印艺科技有限公司
幅面尺寸：145mm × 210mm
印　　张：9
字　　数：187 千字
出版时间：2022 年 1月第 1 版
印刷时间：2024 年 4月第 2 次印刷
责任编辑：祁雪芬
装帧设计：末末美书
责任校对：耿　珺
书　　号：ISBN 978-7-205-10261-6

定　　价：65.00元

序言

穿越几千年的历史烟云，才子名士不计其数。

若问哪个名字可以令世人心间一暖，愿意选择像他一样活着，“苏东坡”算是一个笃定的答案。

将生命拉长来看，人人免不了悲欢离合，免不了曲折动荡。

但在苏东坡走过的六十五载里，那些不安、不顺与不满，都被酿成了洒脱的酒。

苏东坡对中华文化的塑造和影响，已经不言而喻。孩童都会背诵“横看成岭侧成峰，远近高低各不同”，课本里写满了“大江东去，浪淘尽、千古风流人物”，每个仰望星空的夜晚，我们也都会想起“但愿人长久，千里共婵娟”。

余光中说，“如果要去旅行，我不要跟李白一起，他不负责任，没有现实感；杜甫太苦哈哈了，恐怕太严肃；可苏东坡就可以做很好的朋友，他真是一个很有趣的人”。

所以东坡先生的酷与暖，都仿佛在我们的身旁扎根，像是一个可以把酒言欢的朋友。

他有出世的洒脱，也有入世的坚持。

他身上的觉醒与真性情，迸发着意志的坚强与生命的韧性。

我们读他的勇气，也读他的痛苦；读他的深情，也读他的无奈。

如此，一起穿越历史烟波，踏上大宋的土地。追上那个清瘦的身影，陪他吟诵一句："归去，也无风雨也无晴。"

目录

第一章

此心安处：诗酒趁年华

第一节
活在这珍贵的人间

提起眉山，对现代人来说或许远不如临近的成都出名，也不如乐山大佛那样为中外游客所膜拜。但回望其文化传承，它素有“千载诗书城”“人文第一州”的美誉。

自长江逆流而上，经汉口，入三峡，过重庆便至乐山，一路上有风景人文可观。乐山以北的眉山镇，就静悄悄地栖息在这明山秀水的怀抱中。

眉山也算旅游胜地，交通四通八达。古代的眉山，是乐山至成都的必经之地，是以行客来往很是频繁。且这里有战国李冰留下来的水利设施，农业发达。

这是一个不大的城镇，在宋代曾是我国三大雕版印刷中心之一。在今天，也因为是“三苏”的故乡而家喻户晓。两宋时期，这里曾经诞生了800多位进士，因此拥有“八百进士”的赞誉。

民间一直流传着一个说法：山水养人。老一辈人对此更是深信不疑。蜀地有一座山唤作“彭老山”。相传在宋仁宗景祐三年（1036），本来秀丽的山峰突然荒芜，这一惊人的自然变化让当时人议论纷纷却莫衷一是。直到多年以后，在不远处的眉山境内出现了一位在中国文学史上大名鼎鼎的苏轼，大家才恍然大悟。

这座山，以其全部的灵气养育了苏轼，自己才变得荒芜。

当然，这显然是经过粉饰的传说故事，但是眉山的灵秀，都真实地流淌在了苏轼的骨血里。他在后来的诗文中，也不断回忆着这片热爱的故土。

“吾家蜀江上，江水绿如蓝。”

他赞颂那碧绿的江水。

“每逢蜀叟谈终日，便觉峨眉翠扫空。”

他钟爱那高耸的峨眉山。

“想见青衣江畔路，白鱼紫笋不论钱。”

就连家乡的风物，他也觉得格外留恋。

如果在一个夏季，你闻着荷花沁人心脾的香气，听着街边的各色小吃叫卖声，沿着青石板路一直往前，来到眉山镇的纱縠巷。你只要找到那一棵高大的梨树，再看到一个小小的池塘，如果还听到了朗朗的读书声，不用怀疑，那就是苏宅了。

苏轼曾经在《答任师中家汉公》中描写过自己的居所：“门前万竿竹，堂上四库书。高树红消梨，小池白芙蕖。”可见这是一个幽静的具有书香气息的小康之家。

苏轼是家中长子。他降生的这一年，父亲苏洵已经二十七岁了。这个岁数在今天可能还在贪玩和恐婚，但在古代已经是晚育的年纪了。

其实，苏轼上面有一个姐姐，原本还应该有个哥哥，可惜幼年夭折。此刻，苏家终于盼得了一个儿子，难免对这个孩子寄予了厚望。

苏轼的名字，是父亲起的。“轼”字在《说文解字》中，被解释为“车前也”，也就是设立在车子前面让人凭倚的横木，出自于《左传·庄公十年》“登轼而望之”。苏轼的字“子瞻”，“瞻”也是远望的意思。“轼”这东西并不像车盖那样装饰得富丽堂皇，也不同车轮一样不可或缺。后来苏轼的弟弟降生，苏洵为其取名为苏辙，“辙”字意为车轮碾过的痕迹，出自于《左传·庄公十年》中，“下，视其辙”。“辙”字同样和车子有关，并且和“轼”一样，都是不容易被人们关注的部位。

我们都知道，古人的名字往往寄予了长辈的深厚期望，苏轼和苏辙两兄弟的名字也是如此。庆历六年（1046），进京赶考失败的苏洵回来之后特意写了一篇《名二子说》来解释自己给两个儿子取名的缘由，表达了自己对儿子的期望和告诫。

当时苏轼十岁，苏辙也有八岁了，两个儿子的性格特征已经展露无遗。苏轼小小年纪就表现出了惊人才华，所以苏洵在文中告诫苏轼，要像车前横木一样发挥作用却隐藏锋芒。苏辙一直循规蹈矩，所以苏洵希望他能够像车轮印一样处于祸福之间，安然度过一生（如遇到车翻、马死等灾难，祸患也无法波及车轮印）。

不过，苏轼降生的时辰并不算良时。在《东坡志林·命分》中，他曾经自言："退之诗云：我生之辰，月宿南斗。乃知退之磨蝎为身宫，而仆乃以磨蝎为命，平生多得谤誉，殆是同病也！"

所谓"磨蝎"，即黄道十二宫的天蝎宫。古人有星象之说，认为天上的星星和地上的人类自身是对应的关系。苏轼晚年回顾自己的一生，认为自己屡次遭遇无端的诽谤是因为降生于天蝎宫之下，而中唐写下"一封朝奏九重天，夕贬潮州路八千"的韩愈韩退之，也是降生于天蝎宫之下。

这当然是晚年他的自嘲之语，彼时刚刚出生的苏轼还沉浸在全家的宠爱之中。而且苏轼的降生对于他的父亲而言，也有着别样的影响。

苏洵年轻的时候聪明非凡，文名远扬。大凡聪明人，都是有着极强的个性的。他总觉得，大好时光应该用来做一些让自己开心的事情，而不是埋头于枯燥的科举考试。

年轻的苏洵很喜欢游山玩水，即使是成家之后也不改习性，因为玩乐荒废了学业，一直未能考取功名。《三字经》上有"苏老泉，二十七，始发愤，读书籍"的句子，苏老泉指的正是苏洵。

可见二十七岁这一年，必然有什么事情深深地影响了苏洵，让他开始意识到时光不待人，该是时候开始发愤读书考取功名了。毫无疑问，对他影响比较大的一件事情，就是苏轼的降生。

男人的成熟，经常是从三件事情开始的：一个是娶妻成家，一个是看到父母老去，一个就是有了子女。

苏轼出生后，苏洵开始意识到自己已经不再是那个意气风发的少年了，他必须承担起一个父亲的责任。此时他的兄弟还有姐丈，都已经通过科举考试步入仕途，说心中没有一丝羞愧，那也是假的。而大器晚成者，皆因厚积薄发，才能够一鸣惊人。

苏轼出生以后，家里面非常重视对孩子的教育，六岁就送他进入私塾读书。这是一个有着一百多人的大私塾，却只有苏轼和陈太初两人最受老师的宠爱，或许是由于蒙学时期的老师是个道士的缘故，中晚年的苏轼也颇为亲近道家，最终达到了儒道佛三家的统一。

陈太初更是在长大以后干脆出家求道，道行极高。传说他晚年前去拜访朋友吴师道，吴师道赠予他金钱、食物等，他出门二话不说就直接散发给了穷人，然后于门外盘膝没了气息。吴师道知道之后，立刻让仆人去搬动他的尸体，当时正好是春节，仆人都觉得不吉利没人愿意动手，陈太初突然微笑着睁开眼睛说“不需要麻烦你”，然后自己步行到了金雁桥下死去。

除了私塾学习，苏轼的童年是多姿多彩的，他很愿意亲近大自然，也很愿意享受生活，这些童年的生活后来都出现在了他回忆性的诗文中。

“川平牛背稳，如驾百斛舟。”他会在不用去私塾的时候坐在牛背上悠闲地看书。

“狂走从人觅梨粟。”他会在不读书的时候和表弟一起去山上找野果。

“忆我与诸儿，饲食观群呀。”他还会和同伴们围在鸟窝边上，给小鸟喂食。

在中年时期，他在一首《洞仙歌·冰肌玉骨》的词序中，还回忆了自己七岁的时候和小伙伴一起听一个朱姓的九十岁老尼姑讲当年和师父入蜀主孟昶宫中的故事。当时老尼姑口诵了蜀主和花蕊夫人所作的一首词，苏轼居然还能记得前两句，并且分辨出这是《洞仙歌》令，将之续上。

甚至天才一般的苏轼，也有过像我们现在很多孩子一样没有完成父亲布置的作业而被突然检查时的惊慌失措。

“夜梦嬉游童子如，父师检责惊走书。计功当毕《春秋》余，今乃初及桓庄初。但然悸寤心不舒，起坐有如挂钩鱼。”

当时苏轼远贬海南，梦见自己儿时被父亲检查背书，本来父亲布置的任务是读完《春秋》，结果他只读到了桓公、庄公的部分。为此他忧心忡忡，坐立不安，就像是吞了钓钩的鱼一样。

不过童年时期的苏轼，就已经有许多非凡的表现。父亲不在家的时候，苏轼由母亲程氏管教读书。程家和苏家是世代姻亲，在当地也是颇有家产，所以程氏也受过一些教育，有一些不凡的见识。

有一次程氏正在教苏轼读《后汉书》，读到了后汉时期的太学生范滂为了反抗把持朝政的阉宦而上书弹劾，结果被朝廷下诏诛杀，因为不想连累其他人，自己独自慷慨赴死。临走之前，范滂与儿子诀别：“吾欲使汝为恶，则恶不可为；使汝为善，则我不为恶。” 意思是：“我想让你做坏事，可坏事是万万不能做的；我想让你做好事，我没做坏事却落得如此下场。”其中的无奈令人唏嘘。

苏轼对范滂充满敬佩。他叹息，如果自己长大后也做了范滂这样的人，不知母亲内心愿不愿意。程氏坚定地回答道："你要是能做范滂，难道我就不能做范滂的母亲吗？"

读史书，能够从史书中学习前人的经验。后来的苏轼直言进谏，屡遭贬谪，不能不说他是一直在践行着小时候的信念。

苏轼八岁那年，也就是宋仁宗庆历三年（1043），宋仁宗大力起用范仲淹、欧阳修等人实行改革，并且根据范仲淹等人的意见，颁布了"庆历新政"，一时间举国沸腾，国子监的石介特意写了一篇《庆历圣德颂》来颂扬新政，这篇颂诗也传到了眉山。年幼的苏轼也在学校看到了这首诗，上面的字他全都认识，但是其中提到的人，他却极为陌生。

在他的不懈追问下，老师为他一一讲解了这首诗中提到的人物，欧阳修、范仲淹等人在苏轼幼小的心灵中一下子就占据了很重要的位置，后来他细心揣摩这些人的诗文，并且在父亲的要求下写过一篇模仿欧阳修《谢宣诏赴学士院，仍谢赐对衣、金带及马表》的文章，让苏洵大为满意。最终苏轼进入学士院，也多次得到皇帝赏赐的对衣、金带和马表等物，这篇少年拟作之文居然还真的派上了用场。

不仅如此，苏轼还极为擅长从平常的生活小事中见出哲理，这也是他后来诗文作品的一个重要特点。

苏轼十一岁的时候写过一篇《黠鼠赋》，从一只老鼠利用人的疏忽而逃脱这件幼年趣事，悟出了如果不能"一于汝而二于物"（做事专心，不受外物的影响和左右），那么即使"多学而识之"，也是"望道而未见"的道理。全篇十分简短，但从这么一件生活小事中，就能够悟出如此深刻的道理，且语言天真而风趣，足见苏轼慧根之深。

像苏轼这样聪明的才子，其实历史上并不鲜见，即使是同时期，和苏轼一样有才华的人也不为少数。但是能够和苏轼一样有天分才情又刻苦努力的，就真的不多了。

苏轼在父亲苏洵的言传身教下，读书之刻苦也是罕见的。古代教授学生提倡“书读百遍，其义自见”，非常强调背诵。一般的学生不过是将书中重点篇目的内容给记诵下来，这已经很不容易了，苏轼则是将整本书都细心抄录数遍，以至于都能够倒背如流，标点和前人注解也能够牢记于心中。

如果我们去细读苏轼的诗文，经常会为他引经据典之浩繁而连连惊叹。但是不同于那些掉书袋的腐儒，他引用起古书或者古事都是着重用其意，常常搭配上新鲜巧妙的比喻，而不是炫耀文采和自己的博学。以至于我们普通人读来也不会感觉到佶屈聱牙，甚至经常会完全没有意识到他在用典。

苏轼还有一个弟弟，“三苏”中的另外一位才子——苏辙。苏轼和苏辙的关系十分要好，两个人从小一起读书。正如苏辙的名字那样，苏辙一生都跟随着自己的哥哥，不仅进京赶考是跟着哥哥一起的，在后来的政治斗争中也一直站在哥哥的一边。

两个人之间留下了许多诗篇，有的是分开的时候互相思念，也有的是两个人一起进行的诗文唱和。那首最著名的咏月词《水调歌头·明月几时有》就是苏轼怀念弟弟苏辙所作的。而且通过对比苏辙和苏轼的诗词作品，我们会发现苏辙在创作诗歌的时候，都是自觉或者不自觉地在学习自己的哥哥，可见苏轼对苏辙的影响之深。

在民间的传说中，苏轼还有一个妹妹苏小妹，关于苏小妹的故事甚至还被收录在明朝冯梦龙编著的《醒世恒言》之中。

传说苏小妹聪明绝顶，能够作极为精妙的回文诗，甚至在传说故事中，苏小妹还和苏门四学士之一的秦观秦少游结为夫妻。只是在现存的所有宋代资料中都无法证实有苏小妹这么个人，而且秦观在二十九岁才遇见苏轼，彼时的秦观也已经娶妻，自然不可能再娶苏小妹为妻，所以关于苏小妹的故事，只是百姓对苏轼太过喜爱，所以才衍生出了许多本来不存在的故事。

山河无限，风光大好。童年的苏轼一直留在秀丽的眉山境内读书学习玩乐，这美丽的水土带给他的，是珍藏一生的回忆。

海子在《夏天的太阳》中喊道："你来人间一趟，你要看看太阳。"人一旦长大，总在不得已之中，看世界的眼光便开始变化了，甚至由于遭遇种种挫折和磨难，开始有了厌世的思想。只有童年时期，才能够用最单纯的心去体会世间万物，"当时只道是寻常"，年老之后回忆，才越发能懂这人间的珍贵。

第二节
时光自有安排

在中国的传统观念影响下，人们十分注重成家立业。儒家讲“修身齐家治国平天下”，一个人只有先成家，然后才能够去闯荡一番事业。

少年的心就像一个风筝，总是想飞得更高、看得更远，但风筝必须有一根绳子拴着，否则无论风筝飞得多高，都无法控制自己的命运。

在现代社会观念里，两个人要先相爱然后才能结婚成家，但是在古代社会中，男婚女嫁都是父母之命、媒妁之言。随着苏轼和弟弟苏辙渐渐长大，除了考取功名这一个重大立业目标之外，也要找根“绳子”把他们拴起来。

在苏轼结婚之前，他在懵懂的少年时期，也曾经有过一段无疾而终的恋情，对方是他的堂妹。

在古代文人的情感经历中，像苏轼一样喜欢上表妹堂妹的人似乎还不少。其中最著名的要数诗人陆游，他与唐琬的凄美爱情故事不知道感动了多少少男少女，那两阕令人心碎的《钗头凤》至今还刻在沈园的墙壁上。

苏轼还没有陆游那么幸运，表妹毕竟不是同姓，是可以结婚的。但堂妹是自己的血亲，这段感情的结局已经注定了心碎。

这位堂妹，是苏轼的二伯苏涣之女。苏轼的祖父去世，两人因为奔丧而在一起相处了一段时间，也正是在这段时间里，两个人暗自萌生了情愫。

如果世界上真的爱了就能在一起，那么许多年后王实甫在《西厢记》中发出的“愿天下有情人终成眷属”的美好希冀，也不会引起那么多人的共鸣了。

堂妹最终嫁给了靖江一个名叫柳仲远的青年，苏轼后来路过靖江还曾经在堂妹家住了三个月。那时候苏轼已经三十七岁了，堂妹三十五岁并且已有了孩子。在这期间，苏轼写了几首十分耐人寻味的诗，其中一首为：

杭州牡丹开时仆犹在常润周令作诗见寄次其韵（节选）

羞归应为负花期，已是成阴结子时。
与物寡情怜我老，遣春无恨赖君诗。
玉台不见朝酣酒，金缕犹歌空折枝。
从此年年定相见，欲师老圃问樊迟。

此诗之深情，丝毫不亚于陆游的《钗头凤》和《沈园二首》，“负花期”指的是堂妹已经年龄大了，“成阴结子”是说堂妹已经结婚生子，中间两联都是自伤之语，无限遗憾与无奈都在其中。最后两句以向樊迟学种花来比喻自己今后会珍惜机会和堂妹相见。

后来苏轼被四处贬谪，自然也没有机会“年年相见”。五十九岁的他流放在外，得知堂妹的死讯，还怀着沉痛的心情为堂妹写下了祭文，并表示自己“心如刀割”，归来路过靖江，拖着自己老病的身躯，坚持要给堂妹上坟。

堂妹就是苏轼心中的白月光和朱砂痣，白月光高高挂在天上，朱砂痣静静躺在胸口，这是遗憾所带来的美感。

最深刻的情感，不仅是美感那样简单。它是年深日久的陪伴，也是奔腾不息的真心。对苏轼来说，一生最爱是他的妻子。

苏轼成婚那年刚刚十八岁，妻子王弗是眉山镇南十五里的青神人，年方十五。

对于一个素不相识的女子，当时的苏轼并没有多少期待。他正是意气风发又情窦初开的年纪，刚刚经历了一段无疾而终的爱情，对于这种毫无感情基础的婚姻实在是难以提起什么兴趣来。

何况两年前发生的一件事情，也给苏轼的心中留下了一些阴影。

苏轼的姐姐在苏轼的诗文中很少出现，不是因为苏轼对姐姐的感情不深，而是因为苏轼的姐姐在他十六岁的时候就去世了。

他的姐姐被许配给了外婆家的表兄程之才，可是程家对苏轼的姐姐并不好，导致姐姐很快就去世了，这件事情也让苏轼的父亲苏洵很是生气，他不仅写诗暗讽程家，还在石头上刻了家谱，举行庆典的时候在全族面前谴责程家，说程家是“州里之大盗也”。因为这件事情，苏轼兄弟两个几十年都没有和表兄程之才有过任何交往。

要知道，程家和苏家从祖父就开始联姻了，苏轼的母亲也是程家人，对于程家可以说是知根知底，可是自己的姐姐嫁过去还是遭到了这样的待遇。所以苏轼认为，这种婚姻方式充满了不确定性。妻子到底是个什么样的女子，他们即将有怎样的相处和互动，这都让他感到困惑。

王弗的父亲王方是位乡贡进士，在书院中任教。苏轼正好也在这所书院任教，与准岳父是同事关系，且因为才华横溢，很得王方的喜爱。

青神县位于岷江之滨，县中有上、中、下三岩，在中岩的赤壁之下，有一汪绿水清泉。苏轼在读书之余常常来到这里接受山水的洗涤。

有一天，众人一起游玩，苏轼看着这清澈的泉水，突然想道：“这么好的水，如何没有游鱼呢？”于是他拊掌三声，突然从岩石洞穴之中出现了许多鱼儿在水中游动。

王方当时也在场，马上遍邀文人为此景命名。众人踊跃，可惜没有一个令王方满意的。苏轼作为见证者也参与了这次活动，他给出的名字是“唤鱼池”，这个名字王方很是满意，既切合当时情境，又雅俗兼备。

巧合的是，王方的女儿王弗自幼饱读诗书，听说了这个活动之后，也让侍女从家中送来了自己想的名字，却也是“唤鱼池”，居然和苏轼不谋而合。

我们现在如果去到中岩山下，还能找到这一潭清水，还能看见苏轼手书的“唤鱼池”三字。在清香馥郁的飞凤花丛中，还立着苏轼与王弗的雕像。苏轼昂首站立，王弗则是坐在石头上略微依靠着苏轼，显得情意绵绵。

因为“唤鱼池”一事，苏轼虽然对这种包办婚姻带有一定的抵触，但终究还是听从了家里的安排，和王弗结为夫妻。

谁也没有料到的是，这一场爱情的赌博他竟然赌赢了。命运如此偏爱他，两人果然是如同贺词一般的郎才女貌天作之合，婚后生活十分和谐融洽。

王弗性格恬静稳重，上侍奉公婆孝顺有加，下对待弟弟和晚辈关爱备至。在照顾苏轼的起居之余，她还能够陪同苏轼一起读书，一起谈心。红袖添香这样温馨的场景，在苏轼婚后的生活里很是常见。

苏轼婚后的第二年，十七岁的弟弟苏辙也成亲了，妻子十四岁。这个年龄在我们现代视角看来是早婚了，在古代却很寻常。通常来说，十到二十岁之间正是男子奋力读书的时候，早点解决了婚姻问题才能够不被感情所羁绊，还不用为饮食起居所困扰。

兄弟二人都完婚之后，他们眼下最大的任务是立业。而立业的第一步，就是考取功名。

在家中又埋头苦读了一年，这个时候苏轼刚好二十岁。此时，他的父亲苏洵已经四十七岁了。

二十七岁得子，随后发愤读书，二十年间屡次参加科举考试都告失败，如今两个儿子都成家并且准备参加科举了，苏洵心中的滋味恐怕很复杂。

虽然他已然将大部分希望都寄托于两个孩子身上，但是内心始终没有放弃，仍然打算放手一搏，继续参加科举考试。

公元1056年，苏洵和苏轼、苏辙父子三人一同离开四川，赶赴京师。

这是苏轼第一次远离家乡，因为有父亲和弟弟的陪同，在出发之初心中并没有什么离愁别绪，反而是有一种“海阔凭鱼跃，天高任鸟飞”的畅快。

出蜀之路很是艰难，唐人李白那样喜欢游山玩水的旅游达人，都曾经发出过“蜀道难，难于上青天”的感慨。三人从眉山出发往北走，经过阆中，就出了四川来到陕西，再从陕西褒斜谷的古栈道继续往北，才进入了关中。

中间路过四川省会成都的时候，苏洵还带着两个儿子去拜会了大官张方平。

宋朝虽然没有唐朝那么盛行行卷之风，但是在考试之前，先找个名人替自己扬名或者举荐一二，即使是在今天也不算什么新鲜招数。

苏洵带着儿子一起去见张方平当然也有这个目的，苏洵当时在文坛已经有些名声了，他将自己的作品交给张方平品鉴的时候，张方平表示了由衷的赞赏，并且诚挚邀请他在成都书院任教。

苏洵还有自己的抱负，不甘心就这样当一个教书先生。张方平完全理解，也知道苏洵是有着大志向的，他并没有生气，而是给当时的文坛盟主欧阳修写了一封举荐信。带着这封信，三人继续出发，赶赴目的地汴京。

因为他们出发得早，所以路上还不会太过匆忙，再加上苏洵本来就是热衷于游赏之人，一路上奇山秀水、名胜古迹，自然要一一赏玩个遍。

这是苏轼人生中第一次远行，目的还是去参加科举考试，关乎自己的前途，他的心情激动万分。但转眼离家已经数月，他不自觉开始思念那远在家中的妻子。在留宿洛阳的时候，苏轼填了一首《一斛珠·洛城春晚》来宣寄自己对妻子的相思之情。

洛城春晚。垂杨乱掩红楼半。小池轻浪纹如篆。烛下花前，曾醉离歌宴。

自惜风流云雨散。关山有限情无限。待君重见寻芳伴。为说相思，目断西楼燕。

词的上片说自己开春从眉山出发，到了洛阳的时候已经是暮春时节，在重重掩映的柳枝之外，有一座红楼若隐若现露出半边。柳树边是一湾池塘，轻轻地泛起波纹，那波纹细密，就像是写在纸上的篆字，每一个字都在表达思念。当初离别之时，我们曾经在花前灯下，饮酒听曲，如今却是天各一边。

下片突发感慨，当初的欢乐就像是云雨一般消散，万里关山阻隔我们，关山是有限的，但我们之间的感情是无限的，终有一天我们再相见之时，我要和你一起在芳花之前，对你诉说我此时的相思，一起看那归来的双飞燕飞过西楼。

这首苏轼早期的词作很不像苏轼的经典词风，倒是和比苏轼早一些的张先有些类似。此时的苏轼还没有经历人生的深重苦难，儿女情长的情愫萦绕在他的心底。那个温婉的女子，就像牵着风筝的线一样，始终牵动着苏轼的心。

五月，苏轼三人抵达开封，借住在一个寺庙中，一边进行最后的冲刺复习，一边等待秋天的考试。

八月，苏轼与苏辙在开封府参加了考试。这一次考试只是礼部的初试，内容并不算很难，因此苏轼和苏辙轻松考中。次年春天，两人还要参加礼部组织的复试以及皇帝亲自监督的殿试，那才是重中之重。

初试之后，距离下次考试还有好几个月的时间，除了继续督促两个儿子学习之外，苏洵也带着他们去参加一些必要的社交活动。其中很重要的一次活动，就是拜访欧阳修。

欧阳修是当时的礼部侍郎，也是礼部考试的主考官。

宋朝初期，文坛的风气还没有从五代时期的浮靡之气扭转过来，尤其是以杨亿等为首的馆阁重臣带动的西昆体，学习李商隐却没有学到精髓，只是流于粗浅的华丽辞藻，内容空虚，感情虚假。

当时文坛上一些有识之士都纷纷发起改革，梅尧臣和苏舜钦立主平淡之美，欧阳修同样对此深恶痛绝，结交了一批志同道合之人，想要联手改变文坛积弊。

古代的科举考试都会设有一名主考官，在这名主考官名下考中的，未来都是这名主考官的门生。而且当时的考试基本都是主观题，判卷全凭考官的喜好。欧阳修作为主考官，那么自然会选择符合自己喜好的文章。

另外，这些能够参加最终考试的都是各地的年轻俊杰，通过考试来筛选人才，也能够对当时的文风起到很好的引导作用，欧阳修自然早有此打算。

苏洵作为唐宋八大家之一，文学造诣不俗，他的文章深得两汉精髓，文风纵横恣肆。政论散文论点鲜明，极具有说服力和可读性。

在苏洵的教导下，苏轼和苏辙的文风更有先秦两汉大家之风，语言质朴，言之有物，并没有受到当时不好的风气影响。

初次见到欧阳修，苏轼虽然早已经熟读过欧阳修的诗文，但是心中还是不免忐忑。没想到欧阳修居然那么和蔼可亲，两耳较长，上嘴唇还有点短，笑的时候会露出牙龈。这尊容似乎不是那么玉树临风，但恰恰是这样一副寻常的形象，更加让苏轼觉得亲切。

苏洵将自己的文章拿给欧阳修看，欧阳修大为赞赏，称赞他的文章“博辩宏伟”。他像是发现了宝藏一样，对苏轼和苏辙的才学十分满意，并且还殷勤地把三人介绍给了韩琦等人。

第二年正月，苏轼、苏辙兄弟参加了礼部考试。

在古代，参加一次科举考试不仅是智力的比拼，还是毅力的比拼，那可比现在参加考试要辛苦得多，考试的严格程度丝毫不亚于中考、高考。

考生在天没亮的时候就要出发，黎明时分赶到考场，经过严密的搜身之后，每个人进入单独的房间。外面有看守和巡视人员，考生得自备干粮，因为在考试结束之前，任何人都不允许走出考场。

这一次考试对于苏轼来说，是人生的一次重大转折点。考试之前，他虽然小有名气，却也名不出眉山。这次之后，他终于一鸣惊人，开始了自己名留青史的一生。

第三节
正如你来，恰好我在

古代男子一生中最高兴的三件事莫过于：他乡遇故知、洞房花烛夜和金榜题名时。

那时交通不便，如若一个人身在他乡，往往是数月甚至数年才能回去一次。孤独的时候，若能够在陌生之地遇见一位熟人，那种喜悦恐怕不是交通和通信便利的现代人能够体会到的。

洞房花烛夜就更好理解了，成家是一个男人成长的第一件大事，只有完成这件事，才算是迈出了独立的第一步。能有良人对自己嘘寒问暖，与自己相守一生，不管是现代还是古代，都绝对称得上是一件乐事。

最后金榜题名，是每一个读书人毕生的追求，即使有少数人厌弃功名，也多半是有不得已的原因，即使是被称为“诗佛”的王维，年轻的时候也曾经为了仕途而去拜谒公主。金榜题名，那是读书人实现自己的人生理想与抱负的第一步，也是最重要的一步。

此时的苏轼正渴望着金榜题名的时刻。他怀着复杂的心情步入考场，只见一间间考舍次序排开，每一间里面都有着一个背负着整个家庭希望的男子正在参加考试。他们或者冥思苦想，或者奋笔疾书，或者胸有成竹，或者垂头丧气。

这是苏轼第一次到京城参加科举考试，所以身上还并未背负多么深重的压力，但是自负的苏轼也绝对不允许自己失败。

这次考试和以往有些不同，按照惯例，宋朝的科举考试应该是先作诗、赋、论各一首，然后是策五道，帖《论语》十帖，最后是考量《春秋》《礼记》等经典。按照以往的模式，自然是诗赋最重要。但是欧阳修为了扭转文坛风气，推动古文运动，主张将策论放在了首位。

翻开试卷，苏轼看到策论题目是“刑赏忠厚之至论”。这个题目对于苏轼来说并不难，父亲苏洵本身就是策论的高手，对两个儿子平日里多有教导与训练。

但是如何将这个题目写得出彩，博得考官的青睐，那就不仅需要文才了，还需要对这个问题有深刻的见解。

尽管我们现在对于古代科举制度颇有意见，认为科举制度存在诸多问题，但事实上科举制度直至清朝，也依然是当时世界上比较先进的人才选拔方式。

古代西方实行的官员选拔制度和魏晋时期的九品中正制差不多，都是以门第为主，普通人想要当官爬上高位基本是不可能的事情。但是中国科举制度给了所有人一个向上的台阶，让天下读书人都有可能官至宰相，去决定天下大事。

科举考试的题目也不全是死板腐朽的东西，除了考量文才和对儒家经典的掌握程度之外，更会兼顾到政治思维与能力。

比如苏轼这次的考题，考量的就是考生们对于君王奖赏惩罚之道的见解。奖赏惩罚的学问很深，这不仅是君王御下之道，也是将来这些考生为官的时候如何管理下属乃至百姓的重要方法。如果奖赏标准错乱，有失公允，就很难让人心服，政令很可能难以实施下去。

题目里面已经交代清楚，古代贤德的君王在刑赏之时都是本着忠厚的原则。考生就这一点展开论证的时候，可以充分考量出他们对于古代历史知识的熟悉程度，以及能够看到他们的独立见解和思辨能力。

苏轼写起这种题目来称得上是得心应手，不一会儿就洋洋洒洒写了六百余字。六百字还没有现在的高考语文作文要求的字数多，但是苏轼这篇文章从尧舜写起，既有实际的历史论据，又有自己鲜明的论点，指出为政者要做到一方面赏罚分明，一方面立法要严而责人须宽。总之是无论赏罚，都要以忠厚仁爱之心为原则，这样天下才能够成为“天下相率而归于君子长者之道”的昌盛之世。

写完卷子的苏轼感到酣畅淋漓，潇洒离去。他在考场外见到弟弟，弟弟虽然没有苏轼的神采飞扬，但也是一脸淡然，可见试卷完成得游刃有余。

两个人同早在外面等候的父亲一起回到住处，一路上兄弟二人讨论起考试题目。苏洵看着侃侃而谈的兄弟两人，听着他们的高谈阔论，心中满是欣慰。兄弟二人兴起之时，苏洵也主动参与进讨论之中，并对两个儿子的文章做出了分析和评点。

父子三人其乐融融，此时应该是苏轼一生中难忘的时刻，虽然有科举考试的压力，但是家中有慈祥的母亲和温柔的妻子等待着自己，身边有严厉但很爱护自己的父亲和从小一起长大的弟弟陪伴，心中更有一腔理想与抱负。人生如此，复有何求？

按照宋代的科举考试规则，为了防止考官和考生勾结徇私舞弊，所有的试卷收齐之后，都会有专门人员进行登记并且誊抄一遍，随后再交给考官改卷。

可以说，这比起今天的密封制度还要严格，毕竟密封制度还是有办法从笔迹等方式看出卷子的主人，这种誊抄之法则是尽可能地避免了权钱勾结的情况发生。

跟着考生同时在考试院与外界隔绝的考官们此时也是有些等不及了，考卷一送到，就开始进行分房阅卷，欧阳修作为主考官，不可能每一份考卷都看到，一般由下面的其他考官先阅卷，选出一批优秀的来，再交给副考官阅卷，副考官通过之后才会交给主考官欧阳修阅卷。

所以能够被欧阳修看见的考卷，本身已经是被精挑细选过的了。

当苏轼的卷子被呈到副考官梅尧臣手上的时候，梅尧臣十分赞赏，立刻将其推荐给了欧阳修，欧阳修一连读了好几遍，对苏轼的文章激赏不已，按捺不住想要将苏轼的文章勾选为第一名。

但是欧阳修很快转念一想，这样的文章，如此的文风，似乎和他的弟子曾巩很相似。他当时觉得，这文章天下间恐怕也只有曾巩能够写出来了。曾巩被后人列入了唐宋八大家之中，文章自然写得极好，只是他在参加科举考试前，已经得到了欧阳修的赏识并且拜入了欧阳修门下。如果欧阳修担任主考官，他的弟子却成了第一名，别人难免会不服气，甚至欧阳修也有徇私舞弊的嫌疑。

所以思来想去，欧阳修还是把这篇文章评为第二名。而若不是他的一念之差，苏轼的文章其实本应该是第一名。

此时的苏轼和苏辙信心满满，同父亲一起庆祝一番之后，马上就继续投入了复试的准备之中。

礼部组织的第二轮考试主要是考经义，主要考量学生对于儒家典籍的理解，这门考试主要看考生学习儒家经典的时候是否下了苦功夫。苏轼读书本来就十分刻苦，在这轮考试中以“春秋对义”即回答《春秋》中的问题获得了第一名。

这个第一名是实至名归的，完全不掺杂任何个人的喜好，更能够看出苏轼读书的功底之深厚。

通过这一点其实也能够看出，天下怀才者众，为何只有苏轼等寥寥几人能够获得至高的地位。他们无一例外，在天分才情、道德修养和人生志向之外，还有与之匹配的汗水与努力。

是年三月，在礼部组织的考试中，合格者要一起参加由皇帝亲自主持的殿试，这也是苏轼第一次见到今后影响他一生的仁宗皇帝。

初次见到皇帝，苏轼心中自然难免有些紧张，但他还是不卑不亢，敢于抬头面圣。在他看来，皇帝陛下固然威严有加，但也是血肉之躯。他相信，一位明君必然心思澄明。他感到体内的热血在奔腾，仿佛距离忠君爱国的境界愈来愈近。再联想到如今大宋天下，心中想要治国安民的志向也更加坚定了一分。

在这次殿试中，苏轼两兄弟年纪轻轻却气度不凡，在策问环节展现出了大将之风。但因为年轻气盛，苏轼的文章写得有些激进，不完全符合儒家中庸之道。再加上仁宗皇帝认为苏轼太过年轻，如果让他太过顺利恐怕会助长骄逸之气，所以仁宗皇帝并没有给予苏轼进士甲科也就是状元、榜眼、探花的荣誉，而是赐予其进士乙科即进士及第出身。

殿试之后，仁宗皇帝兴冲冲跑到皇后寝宫中对皇后说道："我今天为子孙和天下百姓找到了两个太平宰相啊！"

仁宗皇帝如此赏识苏轼和苏辙兄弟二人，两兄弟却浑然不知。考试结果一出来，父子三人难掩喜悦。但在喜悦之余，苏洵心里多少有些不太好受。两个儿子都是第一次到京城参加科举考试就榜上有名，自己却是混了大半辈子，屡次参加考试都以失败告终。百感交集之下，他还写了一首打油诗：

莫道登科易，老夫如登天。
莫道登科难，小儿如拾芥。

人生不如意事十之八九。苏洵并不是狭隘之人，他只愿尽人事听天命，将希望寄托在两个儿子身上。两个人没有辜负自己的期望，苏洵收拾起心情，第一时间带着儿子去拜访欧阳修。

因为在欧阳修担任主考官的时候考上功名，那么苏轼自然而然成为欧阳修的弟子。既然还留在京城，苏轼也理应去拜访一番。

拜访也不能空手而去，带着黄金白银之类的俗物当然也不合适。苏轼觉得，既然是拜访老师，最好的礼物当然还是作品。

苏轼带给欧阳修的作品是自己写的一篇《上欧阳内翰书》，文章虽然全篇不足五百字，却言简意赅地回顾了大宋开国以来的文学发展历程，并且对当前浮巧轻媚和过于务奇怪癖两种文风进行了分析，提出了自己对于文学发展的见解。

如果说在之前的考试中，苏轼的发挥还受着题目的限制的话，这一篇精心撰写的文章则是极尽可能地表现苏轼的才学和见解。欧阳修读完之后，赞不绝口。他后来在写给梅尧臣的信中说，自己读完苏轼的文章，竟然不知不觉汗流浃背，感到十分痛快。那时候他就预感到了，这个少年一定前程似锦，甚至成就一定会在自己之上。

面对这个可敬的后生，欧阳修没有吝啬褒扬之词。他大笑着拍了拍苏轼的肩膀，表示未来三十年的文坛，将会是苏轼的天下。除了对这篇文章大加赞赏之外，欧阳修还对当初礼部考试时苏轼的文章提出了一个小疑问。

当时欧阳修已是文坛泰斗，苏轼只是初出茅庐的毛头小子，向后辈请教问题是需要勇气的。但欧阳修真正践行了孔子讲的

“不耻下问”，丝毫不以为意，虚心地问道：

“你那篇《刑赏忠厚之至论》里面说：远古时期的尧帝当政时，皋陶担任司法官，有个人触犯了刑罚，皋陶三次提出要杀死他，尧帝却又三次赦免了他。这个典故不知道是出自哪里？”

其实，这样的提问反而显出了欧阳修的风范。事实上，越是地位高名声大却没有多少本事的人，越是害怕让别人看出自己的无知，于是他们会经常性地选择不懂装懂。

据说，当代著名儿童文学作家郑渊洁在一次参加作家交流会的时候，有人曾经当场问他有没有读过陀思妥耶夫斯基的作品，他坦率说自己没有读过。那个人做出一脸震惊的样子。陀思妥耶夫斯基是俄国很著名的作家，在国际上名声也很大，郑渊洁作为一个作家居然公然宣称没有读过，因此遭到了在场众人的嘲笑。

当轮到郑渊洁发言的时候，他问众人有没有读过尼尔科娃的作品，居然有一半人点头表示自己读过。这个时候郑渊洁笑了，他表示这个人根本不存在，是自己现场随意乱编的名字。

欧阳修敢于承认自己的无知，且虚心求教，这在气度上就已经是大师风范了。

苏轼在听到欧阳修的问题之后，告诉欧阳修这个典故出自《三国志·孔融传》注。欧阳修当然读过这本书，只是他却不记得有这个典故。苏轼走后，他立刻翻看《三国志·孔融传》，却依然没有找到。

这下子欧阳修更加好奇了，难道苏轼读的和自己读的版本不同？于是在下一次见面的时候，欧阳修再次追问苏轼。

苏轼没想到欧阳修居然如此执着，笑了笑恭敬说道：

“三国时期，曹操剿灭了袁绍，将袁绍的儿媳妇赏赐给了自己的儿子曹丕，孔融听到后很是不满，便说：‘当年武王伐纣成功，将商纣王宠爱的妃子妲己赏赐给了周公。’曹操也是从来没有听说过这回事，赶忙问出自哪本书。孔融却说：‘并没有什么根据，只不过凭借着今天的事情来推测古代的事情，想必古代也应该跟今天差不了多少。’学生我也是没有什么根据，只不过从尧帝为君的仁厚和皋陶执法的严格想当然地推测罢了。”

欧阳修听到这个解释之后，忍不住击节赞叹，为苏轼的随机应变感到佩服。后来欧阳修经常会跟别人谈起这件事情，每次都免不了要称赞苏轼是会读书、善于运用书本知识的人。

欧阳修在文坛的地位颇高，有欧阳修一而再、再而三的称赞，苏轼的大名很快就在京师传开了。许多文人都感到好奇，这个备受文坛宗师称赞的年轻人到底是什么样子。

不得不说，欧阳修的眼光是独到的，他从那么多书生之中一眼就看中了苏轼。欧阳修曾经私下里对自己的儿子说过：“将来我死十年之后，这世上将再也没有人提我的名字。”

这当然是谦虚之词。欧阳修死后，依旧留名青史之上。他提携的诸多后进都一一成才。苏轼果然成为文坛新的盟主，不负欧阳修所望。

第四节
拨动命运的指针

“三苏”在京城扬了名，并且两兄弟都成功通过了科举考试，要问谁最高兴，那恐怕一定是家中的母亲和妻子。

但当时信息传递不便，家里并不知道消息。

无论是古代还是现代，望子成龙的想法都是十分普遍的，这不是什么封建思想，而是父母亲对自己孩子天然的期盼。在古代社会中，女人对男人还有着一种不得已的依赖性，在一个家庭里，女人只能依赖自己的丈夫和儿子。

苏家的女人们对家中男人考上功名之期盼还有另外一个原因，那就是希望父子三人快点回家，一家人能够团聚。万一没考中，少不了要去游山玩水散散心，山高水长路途艰险，长期在外漂泊，家人总是免不了担惊受怕。

此时，“三苏”离家已有半年之久，思念随着时间的累积而越来越深。苏家父子三人一直在紧张地备考与考试，还时常参加宴集，和朋友出游，这种思念还被分散了一些。家中的女人们却是每日里除了女红之外别无他事。

“嫂嫂，现在应该已经考完了吧，你说京城好玩儿吗？他们会在那里待多久哇？”

苏辙的妻子毕竟年幼，还满是天真烂漫，总是缠着王弗问东问西。王弗只是笑了笑，抬头看着远方飘浮的白云，或许丈夫就在某一片白云之下吧。

她对丈夫的才华深信不疑，他一定会被世人赏识。只是不知道京城的气候如何，听说那边冬天更冷，不知道自己在去年夏天就开始做的棉衣是否足够厚实，能否抵御那寒冷的北风。

更让她担心的是，婆婆的身体一天不如一天了，这两天更是饭都吃不下，万一有什么不测，那丈夫该多伤心哪。

婆婆待自己也是极好的，王弗这几天前后伺候，只可惜婆婆的病还是没有一点起色，婆婆又不让她写信告诉远在京城的父子三人，说是怕影响他们考试，连说自己的病不碍事。

从看病先生那紧皱的眉头中，王弗自然已经看出了事情的严重性。但是婆婆既然不让，她也不敢擅作主张，只能尽心尽力照顾好婆婆。

就在弟妹还缠着自己碎碎念的时候，程氏的房间中传来了侍女的一声哭喊，王弗心中一惊，赶紧拉着弟妹朝着婆婆的房间小跑赶去。

死神无情，程氏终究还是走了，临走还带着对丈夫和儿子无尽的牵挂。世间事就是如此的无奈，一切都只能听从命运的安排。

如果能再晚一个月甚至半个月，苏轼兄弟二人高中的消息就传到了眉山，程氏也能够无憾离去。或者干脆再晚半年，她就能够在丈夫和儿子的陪伴中离去。

偏偏是在这个时候，丈夫、儿子都前途未卜，身边只有两个无助的女子。

当“三苏”在京城里接到消息的时候，三个人顿时失语。苏轼和苏辙已经情不能自抑，当即流下泪来。

临行之时，母亲的声声叮嘱还仿佛在耳边。那不舍的目光，还印在他们的脑海深处。终于等到了人生的得意之时，却接到了母亲的死讯。

苏洵也万分悲痛，多年与程氏相守，夫妻感情深厚。对于妻子的去世，苏洵还有一份愧疚在其中。

苏洵后来在祭祀妻子的悼文中写道：“昔余少年，游荡不学，子虽不言，耿耿不乐。我知子心，忧我泯没。”程氏不仅照顾苏洵的起居，尽到了一个妻子的本分，更为苏洵的将来考虑，担心丈夫拥有这样的才华却泯然于众人。在苏轼出生之前，程氏可以说为苏洵操碎了心，但她也不好给丈夫压力，只能暗地里伤心担忧。

《资治通鉴》的作者司马光后来也给程氏写过墓志铭，在《程夫人墓志铭》中记载了这一件事情：

当初程家是巨富之家，苏家只是小康之家，后来由于苏洵不善于经济，日子越来越贫穷。苏洵二十七岁这年，有一天他长叹一口气问程氏道：“我感觉我自己还能学，但是这个家庭的生机还得依靠我，如果专心学习就顾不得生计，我该怎么办呢？”

程氏严肃地看着丈夫说道：“我早就想跟你说了，只是担心你是因为我说了才去勉强学习，那样即使学了也没有效果，你既然素来有志向，那么家庭生计的事情我来操心就可以了。”于是，程氏便将自己从娘家带来的衣服首饰一一典当来维持家庭生计。

从这件事可以看出，程氏是一个心思极为细腻之人，她要让这个家庭变得越来越好，这其中有多少艰辛，实在不足为外人道也。

我们完全可以毫不夸张地说，如果没有程氏，就不会有“三苏”。司马光说她是“柔顺足以睦其族，智能足以齐其家”。其实还不仅如此，她更是能够“开发辅导，成就其夫、子”。

这样的人，虽然不如三迁之孟母、刺字之岳母出名，却正是千千万万个这样默默付出的母亲、妻子，才成就了古代那灿如星辰的无数才子名臣。

此外，苏洵是一个相当孤傲而且脾气也很执拗的人，当初因为大女儿嫁到程家，程家对待女儿不好导致女儿去世的事情，苏洵和程家的关系一度闹得很僵。程氏作为程家人，既悲痛女儿的去世，又因为丈夫与娘家闹成这样，自己夹在中间左右为难。

后来儿子渐渐长大，作为母亲的程氏还要操心给儿子娶妻的事情。丈夫三人出行，她作为家中长辈，更是要操持一大家子里里外外的事情。

所以程氏的离世，也是因为积劳成疾。

古代的女性总是如此，嫁人之前要在家中帮助母亲操持家务，出嫁之后不仅要照顾丈夫，还要孝顺公婆，养育子女，可以说是最辛苦不过了。古代女性之所以寿命普遍比较短，恐怕和过重的家务劳动不无关系。

一接到程氏去世的消息，苏洵赶紧带着苏轼二人赶回眉山。

去的时候是春风得意，意气风发，回来却是马不停蹄，心如刀绞。一来一去，同样的路途，不同的心情。

三人回到家之后，才发现家中已经乱作一团。见到已经搭设好的灵堂，苏洵抱着苏轼、苏辙痛哭不已。王弗已经累坏了，好在家中的主心骨终于都回来了，在苏洵的主持下，将程氏下葬在了老翁泉。

传说在月圆之夜，可以看见一个白发老翁端坐于此泉边上，走进去看那老翁却消失在了水中，于是当地人就将其称为老翁泉。后来苏洵号为“老泉”也是从此而来。苏洵百年之后，也被葬在这里，算是和程氏死则同穴了。

程氏之死，除了让苏轼和苏辙悲痛不已之外，还给他们带来了另外一桩影响，那就是他们必须守丧。

古代从汉朝开始，就有了丁忧制度，上至当朝宰相，下至平民百姓，父母亲如果去世，在得知消息的那一天起，必须返回祖籍，守丧二十七个月。

儒家讲“百善孝为先”，无论汉唐还是宋明，皇家都是以儒家思想为统治基础的，丁忧制度也执行得比较严格，所以苏轼与苏辙必须回到眉山。

本来通过了科举考试，还在京城扬名了的苏轼应该等待礼部的最后一轮考核，然后被安排官职，此后便可以青云直上，一展宏图。

结果命运却开了一个大大的玩笑，以一个无法抗拒也不能抱怨的理由，让他不得不暂停自己的人生，选择在眉山继续蛰居二十七个月。

《礼记》要求，居丧但还没有下葬期间，守丧者要每天读丧礼，下葬之后，要每天读祭礼。

苏轼和苏辙怀揣着虔诚，每天都会按照要求阅读这些书籍。王弗想方设法帮助丈夫走出悲痛。既无法饮酒，也不能去远游散心，于是她便提议让苏轼去岳父王方家去待一段时间。苏轼曾经在青神上过学，那里对于他来说并不陌生。王方也是开明随性的长辈，苏轼不会太拘谨。

于是，苏轼经常到岳父家去散心，王方也知道苏轼心情郁闷悲伤，这样既不利于学习也不利于身体，就叫上叔伯表兄弟，一群人经常一起在青神的大山佛寺中游历，或者听老僧讲法，或者在溪边野餐，日子渐渐开始平静有趣起来。

苏轼不知道的是，在岳父家，还有一双单纯幼小的眼睛正目不转睛地盯着他，每一次他的到来，都能让她心情激动好久，这个人唤作二十七娘，是王弗的妹妹。年轻时候口若悬河、才华横溢的苏轼，在这个时候，就已经在二十七娘的心中留下了深刻的印象。

和两个儿子不同的是，苏洵虽然也很悲痛，但是他不需要守丧，此时的他正在等待京城里的任命消息。

虽然苏洵并没有通过科举考试，但他的才华也得到了赏识。但是在家中等候了快一年，却一点消息也没有。就在他以为希望落空之时，终于有一道来自京城的旨意下达，却并不是苏洵所想要的结果。

这道圣旨是要苏洵破格前往京城参加另外一种考核。古代经常会有这种情况，比如唐朝的杜甫也一直没能通过科举考试，后来也是在天宝九年（750）向朝廷上《大礼赋》，这才得到唐玄宗的赏识，让他破格参加特殊考试，结果因为奸相李林甫当政，依然没能考上。

此外，南宋的姜夔也是如此，通过正规科举考试未能考上，在庆元三年（1197）向朝廷上《大乐议》和《琴瑟考古图》都没能受到重视，两年后再次呈上《圣宋铙歌鼓吹十二章》，这才得到破格考试的机会，却依旧落选。

可见这种破格考试，通过的机会其实更加渺茫。

苏洵也担心自己再次落选，于是他给皇帝写了一封奏折，以自己年老多病为理由谢绝了。但其实苏洵何曾不想考取功名，何曾不想为官一任造福一方。

他在写给朋友的信里面坦露了心思，他说自己不是一心想求取仕途，也不是一心不想求取仕途的人，但是他不愿意拖着自己衰老多病的身体去委曲求全，让他人耻笑。如果朝廷真的相信欧阳修的话，既然欧阳修已经推荐，那么何必再让自己去参加考试呢？

苏洵到底是个骄傲的人，年龄大了就更加不愿意去向那些他根本看不起的人低头，被呼来喝去。第二年，朝中又有人推荐，苏洵再次接到了朝廷的诏书，内容几乎没有什么变化。

他又一次谢绝了朝廷的好意，表示自己已年近五十，倘若这个时候踏入仕途，既不能报效国家，又不能享受隐逸之乐趣，还不如索性当好一介白丁，还能享享清福。

一年多的时间很快就过去了。苏轼的仕途虽然因为母亲之死而停滞，却也难得享受了一段宁静时光，没有科举的压力，享受家人的陪伴。

命运的指针已经在暗中拨动，属于他的时代正在到来。

第二章

家国之梦：亿万星辰犹不及

第一节
梦想是温柔的事物

曾经有人提出这样一个看法，认为人和动物最大的区别，在于人类拥有想象力。因为各种各样丰富的想象，人才能够创造出很多世界原本不存在的东西。

梦想，就是对未来的想象。

包括孩童在内，每个人都想象过自己的未来。只是有人单单白日做梦，有人却为此付出了毕生的努力。

苏轼和天下千万读书人一样，都有一个共同的梦想。这个梦想来自孔子，来自孟子，来自儒家其他所有的先贤们，最后被杜甫喊了出来。那就是“致君尧舜上，再使风俗淳”。

实现这个梦想的唯一途径，参加科举考试是第一步，还须在朝廷上获得一席之地，为官做相，获得话语权，才能够有机会兼济天下。

苏轼原本很快就要踏上这一步，但是母亲的去世让他不得不停了下来。现在丁忧时间已过，苏洵早早开始为两个儿子思虑起来。

如果一直留在眉山等候朝廷的消息，那一切都只能够陷入被动，远不如主动前往京城寻求发展。京城汇聚着大宋最杰出的人才，机会自然要多得多。

出发之前，苏洵在妻子的灵位前站立了许久。上次离开是天人永隔，这次离开不知又要何时归来。苏洵请人帮忙去寺庙里请了六尊菩萨像，放在了镀金的佛龛中，将其供奉在极乐寺的佛殿中。他对着佛像说道："你如果灵魂能够听到，或者飞到了天上，或者游荡在四方，满世界按照你的意思去吧，就像是我游历四方再也没有了牵系。"

语气沉痛，感情低回。失去了程氏，苏洵整个人无论是形体还是精神，都像是老了十岁。

一切安排妥当。因为这次短期内不打算回来，所以苏轼的妻子和苏辙的妻子也不能留在家中，一并带上，另外还有苏轼刚刚出生不久的儿子。

两个女人很是高兴，不仅是从未出过远门，这一路上可以尽情地欣赏以前从未见过的美景，而且这一次的目的地是繁华的京城，整个大宋能有多少女人到过京城，这让她们尤其兴奋和期待。

当然，最让她们开心的，是不用再和丈夫分别了。那一个人独守空房，寂寞而牵挂的感觉实在太过难受。

这一次带着家眷，自然不能和上一次父子三人出行一样走山路，风餐露宿，所以一行人决定走水路。

水路是古代最为方便快捷的交通方式了，只是出蜀的水路可不是那么好走的，在后半段要经过惊险的三峡。

出发的时候正是十月份，一年中少有的好时候。天气已经渐渐凉爽，但是还不至于寒冷，天高云淡，水阔鱼闲，还有漫山红遍，层林尽染。

这一路要经过嘉州、泸州、渝州、涪洲、忠州、夔州，然后穿过三峡抵达江陵。到了江陵，七百里的水路就走完了，需要上岸再走四百里的旱路，然后才能抵达汴京。

这一次距离上次远游已经隔了将近三年，苏轼两兄弟上一次出行，还是初出茅庐的毛头小子，凡事都要听从父亲的安排，甚至有点谨小慎微。在经历了过往种种，两兄弟都成熟了许多，现在的他们算是真正的男子汉了。

这次前往京城，前路一片光明。苏轼心中只觉得有万丈豪情，只想立刻走马上任，去干一番大事业。这个时候的苏轼，更愿意将梦想付诸实践，而不是空谈策论。

这一路，见过各色的绝妙风光，三苏父子都是文人，时常忍不住要去舞文弄墨，用一个个文采飞扬的文字、一首首脍炙人口的诗词，去记录这一趟不同寻常的旅途。

从嘉州登船的时候，苏轼心中虽然也有一丝对家乡的不舍之情，但更多的是对未来的期待。

初发嘉州（节选）

朝发鼓阗阗，西风猎画旃。
故乡飘已远，往意浩无边。

家乡越来越远，距离梦想却越来越近。

涪州得山胡次子由韵 山胡善鸣出黔中

终日锁筠笼，回头惜翠茸。
谁知声嗰嗰，亦自意重重。
夜宿烟生浦，朝鸣日上峰。
故巢何足恋，鹰隼岂能容！

到了涪州的时候，他心中更满是自信，小小的眉山的确容不下他了，鹰隼自然要搏击长空、展翅高飞。

一直生活在眉山的苏轼，上一次出游看的是陆地上的风景，这一次坐船，是第一次看到如此奇特的水上风景。坐船和陆行的心情也是截然不同的。

在陆地上，既要担心天色太晚无处投宿，又要担心走得太久了脚力不支，更兼有虎豹蛇虫，防不胜防。在船上则不一样，吃住都有船家处理，这一次还带着妻子和弟媳，一切琐事都有人照料。苏轼只需要和父亲、弟弟谈诗论道，吟风弄月。

一般情况下，船只很是平稳，不会有太大的颠簸。速度也是极快的，符合了苏轼快速抵达汴京的心境。看着两岸秀丽的山峰和奇特的岩石都飞快地向后倒退，苏轼心中既感到新奇，又十分舒畅。

江上看山

船上看山如走马，倏忽过去数百群。
前山槎牙忽变态，后岭杂沓如惊奔。
仰看微径斜缭绕，上有行人高缥缈。
舟中举手欲与言，孤帆南去如飞鸟。

在船上看着两岸的山峰，好像是自己没有动，而山峰如同奔马一样，倏忽就是几百座山峰过去了。山峰山岭千奇百态，变化万千，在绝壁之上还能隐约看见一条小径，有上山砍柴的樵夫，如同行走在云雾之间的神仙。苏轼想要和那樵夫打个招呼聊聊天，只可惜船行太快了，就像是飞鸟一样，根本没有这个时间。

全诗气势活泼，描写生动细腻，没有真实的坐船经历是绝对写不出来的，而且必须是在湍急的长江一带才能够看到这样的景象。尤其是最后一句，看似寻常话语，写诗人的动作和心理，更是直接就将人带入了那种情景之中，年轻的苏轼在写诗的时候，就已经能够做到举重若轻，展示出了诗人超凡的观察力和运用语言的能力。

这一路顺流而下，他们也会在船家休息或者是碰到名胜古迹的时候，上岸前去瞻仰一番。

这一天，一行人路过忠州。这里有一座屈原塔，自然不能错过。

屈原在所有文人的心中，都是一个不能够忘却的名字。从德行上，他以强烈的爱国主义情怀感染了无数后人；从文学上，他独创一体的楚辞不仅直接为汉赋奠定了基础，那奇特的想象力和“香草美人”的比兴象征系统，也对后代诗人影响重大。

屈原是楚人，一生的活动轨迹都在楚地。忠州在古代也属于楚地，但是屈原从来没有来到过忠州，这里却有一座屈原塔。苏轼在《屈原塔》一诗中，为这个问题给出了自己的回答，他认为“南宾旧属楚，山上有遗塔。应是奉佛人，恐子就沦灭。此事虽无凭，此意固已切”。

他猜测，应该是那些仰慕屈原、受到精神感染的虔诚者，担心屈原就此被世人遗忘，所以在这里立下了一座屈原塔。尽管这件事情是没有凭据的，但是似乎合乎情理。

在屈原塔前，苏轼脑海中不断回顾着屈原的事迹，口中吟诵着屈原的《橘颂》《离骚》《怀沙》等诗篇，心中久久不能平静。

屈原是知道楚国灭亡所以沉江殉国的。而沉江一事，也有许多人提出了不同的看法。比如班固在《离骚赋》中就说屈原是“露才扬己，忿怼沉江”，对这一行为显然有些意见。

苏轼也在塔前思考着，人生的意义到底是什么？屈原为什么要沉江自杀？

最后他找到了屈原之所以慷慨赴死的原因，他说：“古人谁不死，何必较考折。名声实无穷，富贵亦暂热。大夫知此理，所以持死节。”

从古至今，谁能不死？何必去计较自己是长寿还是短命呢。

功名富贵都是暂时的，能够在历史的长河中留下的，只有高洁的品行和可贵的精神，屈原正是知道这个道理，所以才选择了以死来保持自己的节操哇。

离开忠州，他们继续朝着目的地出发。时序侵寻，经过的地方也越来越多，蜀地关于三国的遗迹不少，比如著名的八阵图就在四川的夔州，这里还是杜甫曾经待过很长一段时间的地方。

离开蜀地来到三峡，这个时候的江流越发地湍急起来，三峡全程有三百多里，其险还不在于流水很快，更在于江底下有许许多多看不到的暗石和漩涡。古代也并没有什么专业探测的东西，只能靠着经验老到的船夫控制着行船一一躲过。

来到了三峡地带，这一段路不好走。进入了深秋时候，气候变化莫测，所以船夫经常需要上岸休整，有时候还要避开过往的官船和大型的商船。

和蜀地多历史遗迹不同，这里的许多景点都和神仙传说有关。

在有修行的道人羽化成仙之后留下的仙都，苏轼如此写道：

仙都山鹿

日月何促促，尘世苦局束。
仙子去无踪，故山遗白鹿。
仙人已去鹿无家，孤栖怅望层城霞。

至今闻有游洞客，夜来江市叫平沙。
长松千树风萧瑟，仙宫去人无咫尺。
夜鸣白鹿安在哉，满山秋草无行迹。

他这首诗并没有正面去写仙人如何，而是将着眼点放在了仙人身边的那只白鹿上。前朝李白曾经写过“且放白鹿青崖间，须行即骑访名山”，白鹿是仙人隐逸的代表性动物。

在诗中，他写到了这只白鹿在仙人离去之后的孤独，并且将古今拉入了同一个时空之中。在这首诗里面，白鹿不仅是仙人存在过的证明，更是苏轼超逸精神的寄托物。

秋去冬来，苏轼在船上迎来了这一年的冬天。与出发时深秋的景色不同，此时天地已是一片雪白，两岸寂静无比，只有三峡的江水依然奔腾不休。

在舟上，苏轼一家子围坐在小火炉边，身旁放着几碟小菜，炉子旁还温着一壶酒。

苏轼突然想到了欧阳修曾经写过一首诗，内容是雪，但是通篇都没有提及“雪”字或者是用常用的形容雪的“白”“羽毛”“柳絮”等词。这种形式被后人称为“禁体诗”。

这种诗最为考验一个诗人的想象力和对语言的创造能力。苏轼提出，不如也来写一写。苏洵和苏辙都觉得很有意思，乐呵呵参与了进来。

此时，苏轼在诗歌艺术技巧上的打磨也已经到了高超的地步，中晚年写诗写得不留痕迹，如同水中着盐，看似平淡，实则有味，看似瘦癯，实则丰满。这一切，都离不开此前对技艺的精心磨炼。

他写雪，却没有“雪”字，而是“青山有似少年子，一夕变尽沧浪髭”。

将青山比作是少年人，一下子变成了老年人。虽然并未正面写雪，却写出了满山白雪的状态。

大家在船上一共待了六十多天。到了江陵的时候，所有人都不免有些疲惫了。此时已经接近岁末了，大家索性决定上岸找个地方住一阵子，等到来年开春了，再从陆路北上京师。

这六十多天的旅程里，苏轼父子三人写下了不少诗歌，为了留作纪念，他们将其编为一册，命名为《江行唱和集》。在这部集子当中，有苏轼的诗四十二首，这四十二首诗对于研究苏轼的诗歌风格发展变化历程十分重要。

现在许多不怎么读书尤其是不读诗的人，多少对古人写诗有一些误解，认为他们写诗尤其是写景物诗，是出于一种无聊或者卖弄，真正的情感应该是发自内心而不着文字的。

其实这只是他们对自己无法通过文字来表达内心感受的一种逃避的说辞，苏轼在《江行唱和集》的序言中说道：“夫昔之为文者，非能为之为工，乃不能不为之为工也。山川之有云雾，草木之有华实，充满勃郁，而见于外，夫虽欲无有，其可得耶？”

他说，过去那些写文章的人，不是他们故意想要写得那么工巧，而是不能不写得那么工巧。山川有云雾之美，草木有春华秋实之美，这些美都来自于充实的内在，却自然表现在了外面。文人们也是如此。他们从生活、自然中感受到了一些东西，内心有着蓬勃之气郁动，只不过是通过诗文表现出来罢了。

在江陵停留的时间里，苏轼和苏辙经常会结伴出游，去看看这一带的风土人情，并留下许多诗篇。苏轼写了一组十首五律《荆州》，其中最后一首尤其受到父亲的称赞。

柳门京国道，驱马及春阳。
野火烧枯草，东风动绿芒。
北行连许邓，南去极衡湘。
楚境横天下，怀王信弱王！

这一首同样是感怀古事而作。诗人骑着马从荆州古城门经过，暖暖的初春阳光照耀在脸上，城外有农人放的烧枯草的野火还没有熄灭，而东风吹拂之下，已经有绿色的蓬勃春意。楚国往北可以到许州、邓州，往南一直到了衡山和湘江，楚国的国境是如此宽广，可是楚怀王居然困死在秦国，真是一个无能的君主。

三、四句写野火烧掉了一切旧的东西，新的生机与活力已经开始显现。最后四句写楚国之事，看似是对楚王的谴责，其实是说大宋有着更加宽广的疆土，他更应该奋发有为，像屈原一样为国效力，九死无悔。

第二节

理想主义大放光辉

现代诗人流沙河曾经有过一首关于理想的诗篇，虽然语言浅近，但颇受广大学生喜欢。他写道：“理想是石，敲出星星之火；理想是火，点燃熄灭的灯；理想是灯，照亮夜行的路；理想是路，引你走到黎明。”

哪个少年没有过虽然不说出口但一直深藏在心中的理想，只是后来被岁月摧折，心中理想大都成了回忆往昔峥嵘岁月时候的唇边苦笑。

北岛在散文《波兰来客》中写道：“那时候我们有梦，关于文学，关于爱情，关于穿越世界的旅行。如今我们深夜饮酒，杯子碰到一起，都是梦破碎的声音。”

多少人的理想就像是梦一样容易碎裂，但总有那么一些人，他们即使是经历了人生的风霜雨雪，心中理想不仅没有熄灭，反而成为燎原之势，即使身体衰朽了，火焰依然熊熊燃烧。

公元 1060 年，也就是宋仁宗嘉祐五年，在江陵过完年才出发的苏轼父子三人，在新年的二月中旬，终于来到了汴京。

一家人先是在西岗租了宅院安顿了下来，准备先休息一段时间，顺便等候朝廷对苏轼和苏辙的任命。这处宅院带着一个小花园，而且远离闹市，绿树环绕，很是清幽。在这段日子里，三人又将在江陵至汴京途中所作的诗编为《南行后集》。

春花烂漫的三月，苏轼的任命通知下来了。他被任命为河南府福昌县的主簿，弟弟苏辙则被任命为河南府渑池县主簿。

“主簿”这个官职并不大，是名副其实的九品芝麻官，管理一县之地的公务文书，倒也轻松。兄弟两个都在河南府，相隔并不算很远。

但两兄弟商量了一下，不打算接受这个官职。因为次年很快就要举行制科考试，如果这时候接受了官职，考试就不能参加了。

所谓的制科考试，和科举考试并不同。科举考试三年一次，是有固定的程序规范的。而制科考试是由皇帝下诏特别举行的，等于是特殊人才选拔考试，什么时候举行，几年一次都是说不准的事情。

这就是苏洵要带着儿子从眉山大老远跑来京城的原因了，如果依旧待在眉山，恐怕根本就不知道这个消息。即使有朋友得到消息之后写信告诉了苏洵，那在路上也要耽搁好几个月，准备的时间也要大大缩减。

现在一家人搬来了京城，起码消息要灵通得多。苏轼兄弟两个有足足一年的时间专门准备这场考试。

制科考试考核极严，难度也极大。大宋三百多年，皇帝开启制科考试一共有二十二次，但是通过的只有四十一人，这可比考上清华北大概率要小得多。

制科考试还必须得有朝中大臣举荐，再经过六名考官举行考试。在这个基础上及格了的人，才有资格接受皇帝的亲自考核。

拿到了考试名额，两人明白这次考试事关重大。何况两人破釜沉舟，还为此推辞掉了朝廷的任命，自然要全力以赴。

尽管住宅已经十分偏僻，但是难免还是有不少人情往来。苏轼和苏辙为了全力以赴投入备考，干脆搬到了更远处的怀远驿站中。

一天晚上，苏轼和苏辙二人正在灯下苦读。外面风雨忽至，恰好苏轼读到了韦应物所写《示全真元常》一诗。诗中有一句“宁知风雪夜，复此对床眠”。这句诗和当时的情景十分契合，苏轼念给了苏辙听，两兄弟都因为这句诗而感慨良多。

这句诗的意思是说，在风雨之夜，我们对床而眠，不知道今后什么时候还能有这样的时候。兄弟二人从小就在一起，无论是读书还是游玩，无论是进入私塾还是进京赶考，都是形影不离，感情十分深厚。

只是今后踏入仕途了，注定就要天各一方，这样坐在一起读书的日子，也会越来越少了。

许多感情，都是失去才知道可贵，“赌书消得泼茶香，当时只道是寻常”，许多曾经一起做过的平淡小事，在日后回忆起来都是那么令人回味。

想到这里，两兄弟都有些悲从中来。两个人约定，不管将来发生什么情况，都要尽情施展抱负，等到功成名就后及时归隐，到时候再一起煮茶温酒，灯下夜读。

这个夜晚深深刻在了两兄弟的脑海中，此后行遍千山，历经冷暖，都有这一份兄弟之情温暖着彼此。

只是可惜，两人没能够实现这一晚的约定，人生将无常展现得淋漓尽致。

第二年八月，制科考试开始了。在制科考试中设置贤良方正能直言极谏、博通坟典明于教化、才识兼茂明于体用、详明吏理可使从政、识洞韬略运筹帷幄、军谋宏远材任边寄六科，苏轼考取“贤良方正能直言极谏科”第三等。

宋朝的制科考试一共分为五等，可别因为苏轼只是第三等就觉得苏轼考得不算好，其实这五等之中的第一等和第二等从未有人得到过，实际上就是个摆设，只是为了给考试的人一个向上努力的目标而已。

这第三等，在此之前只有一个叫作吴育的人考上过。吴育还是三次等，就是比苏轼的三等还要低半等。也就是说，苏轼其实已经是当时大宋历史上参加制科考试获得的最高名次了。

苏轼后来回忆起这次考试。那时候他已经被贬谪到了黄州，自嘲说道：“当年我参加制科考试成绩很好，那时候以为自己真的可以直言极谏，没想到直言一回，我就被贬谪一回，现在都把自己搞到黄州来了。”

此时的苏轼踌躇满志，满腔都是致君尧舜的抱负。

说起来，这也是君王的矛盾。一方面，他们不爱那些直言进谏的臣子，就连一代明主唐玄宗也好几次都想斩了魏徵。但是一方面，他们又往往表现出一副求贤若渴的姿态，希望对那些能够直言劝谏的臣子给予包容。

或许，这是人的本性。忠言利于行但毕竟逆耳，每个皇帝一开始都想当明君，但是后来很快发现，明君需要克制忍受的东西太多了，远不如当个昏君来得痛快享受。

这个时候的宋仁宗，就很想当个好皇帝。

苏轼以五十篇策论通过制科考试，这五十篇中涉及了国家朝政的方方面面，以蓬勃的激情和敏锐的观察能力针砭时弊，对不合理的地方也绝不留情，进行尖锐批判。

他的这些策论文章，受到了欧阳修等主考官们的一致欣赏，甚至就连宋仁宗看到了也并没有表现出丝毫不高兴，反而真心觉得苏轼是个人才。要知道，苏轼说的这些弊病，从某种程度上就是在讲宋仁宗无能，不能治理好国家。

弟弟苏辙虽然没有苏轼这么高的才气，但是也顺利通过了考试，考取了第四等。而且据说苏辙在参加考试之前突然大病了一场，这件事情居然也惊动了皇帝。当朝宰相韩琦说："今年的制科考试中，苏轼和苏辙两兄弟有着极高的声望，要是苏辙因为病了无法参加考试，那实在是太遗憾了。"

两兄弟同时参加科举考试高中，又同时参加制科考试，按照两人的才华来看通过考试是十拿九稳，这可是百年难遇的盛事，将来必定成为一桩美谈。虽说朝廷的政令不能够朝令夕改，但是这制科考试涉及的人员还不算太多，何况也是为了尽可能招贤纳士，所以宋仁宗特意调整了考试的时间，向后延迟了一段时间。

两兄弟已经攒足了进入仕途的资本，名头一时无两。作为父亲的苏洵在欣慰的同时也感到有些失落。

不过很快，苏洵梦寐以求的朝廷的诏令也下来了。苏洵被任命为校书郎，且不用去参加任何考试。随即朝廷又给了他一份差使，让他为宋朝的先帝们撰写传记。

这个职位和差使苏洵都很满意，他本来就是爱书之人，性格又比较古板自傲。真让他去官场上摸爬打滚，他反而浑身不自在。让他担任校书郎，为皇帝写传记，倒也算是人尽其才了。

只是这其中还是有个问题，他所要写的人都是当朝先帝，这些人有的很英明神武，也有一些做了不少糊涂事，写传记讲究一个真实，可是他所写的对象毕竟是曾经的皇帝，当朝皇帝的先人，如果将他们的一些不好的事情都如实写来，那么岂不是在侮辱皇帝的先人？

这可让苏洵犯了难。按照他的本意，自然应该秉笔直书，但当朝皇帝，即使是以仁德为谥号的仁宗，也绝对不允许有人在将要载入史册的历史书中将自己先人的种种陋行如实记载。

因此，苏洵写得很痛苦。他后来在自己的文章中曾经提起过这件事情，他说："我认为即使是祖宗做事也不可能没有一点差池，那些不好的事情，都删去不记载，而只记载一些编纂的故事，这不是能够让后世遵行的典章制度，我所写的属于史书，史书就应该按照实情去记载，不能选择性地记载……即使先人偶然有一些过错，但那些小的过错也不足以妨碍他们的贤明，反而是可以让后人对他们的贤明不至于怀疑。”

苏洵看得很清楚，“人无完人”这句话不是说说而已。任何人都有一定的瑕疵，即使是孔圣人也是到了七十岁才能够从心所欲不逾矩，更何况岂能人人有圣人的德行操守？那些历史中记载的越是贤明的君主，后人看起来反而越是怀疑，因为好得太过就显得很假了。

但是，这些道理他也只能在自己的文章中私下议论。先皇的传记怎么写，是不由他来决定的。

苏轼和苏辙一起通过了考试之后，他们的任命也很快下来了。苏轼被授予了大理评事、凤翔府签判的官职，苏辙则被任命为商州推官。签判是掌管文事工作的，工作内容上有些类似于今天的秘书，但是拥有实权。推官则是掌管审案的，类似于今天的法官。这两个官职都是正八品，虽然调离了京城，依然属于中央直接管辖。

刚来京城的时候，朝廷给他们的官职都是九品小官。参加考试后，起点直接变成了正八品的官职，这个考试还是很值得的。

苏轼和苏辙两兄弟商量了一番，觉得父亲年龄大了，现在又担任了为皇帝撰写传记这样比较劳累的工作，身边还是得有个人照顾。苏辙主动要求留下来照顾父亲。

这一年十一月，正是天气严寒的时候，苏轼收拾好了行李，带上妻子王弗和出生不久的儿子苏迈，与父亲苏洵和弟弟苏辙告别。

这是两兄弟第一次分别这么久。苏辙心中不舍，一直驱马相送了数十里地。

两个人都很伤感。现代人通常无法理解古人为什么不过是一次寻常的分别，就搞得像是生离死别。现代人分开了还能打个视频电话，想见买张票就可以。但古人的每一次分别，都很可能是最后一次相见。

很多今天看来很容易治愈的疾病，在当时都是绝症。就算是擦破皮了伤口感染，都是有可能导致丧命。旅途中还有各种各样的意外发生，能够活下去真是不容易。

那一天，苏辙一直送到了郑州西门之外。

送君千里终须一别。分别之际，苏轼写下了一首长诗。

辛丑十一月十九日既与子由别于郑州西门之外

不饮胡为醉兀兀！此心已逐归鞍发。
归人犹自念庭闱，今我何以慰寂寞？
登高回首坡垅隔，但见乌帽出复没。
苦寒念尔衣裘薄，独骑瘦马踏残月。
路人行歌居人乐，童仆怪我苦凄恻。
亦知人生要有别，但恐岁月去飘忽。
寒灯相对记畴昔，夜雨何时听萧瑟？
君知此意不可忘，慎勿苦爱高官职！

虽然因为要长途跋涉没有饮酒，可是苏轼还是感觉好像已经醉倒。虽然才刚刚出发，但是心好像已经要归去了。

苏轼登上高坡，看着苏辙回去的背影。弟弟已经走远，隐隐约约还能看见他头上戴的乌帽。于是苏轼想到了苏辙这一趟出门穿的衣服还有些薄，又是一个人骑马趁着月色回去，好不孤独。

路上有人唱歌行乐，童仆怪苏轼太过伤心了。苏轼也知道人生终有分别的时候，只是这岁月过得实在太快了，当初他们在灯下听着夜雨的场景还一一在目，什么时候才能够再一次相聚呢？苏轼知道苏辙记得当初的约定不能忘却，千万不要太留恋高官厚禄，而忘了一起归隐的约定啊！

诗中有不舍之情，有担忧与牵挂，更多是对未来的期待。是兄弟两人在那个寒灯冷雨的夜晚，一起亲手种下的期待。

第三节 言有物，行有格

在儒家思想中，立德修身是一件十分重要的事情。只是后来的儒学家们渐渐将立德修身异化成了浮于表面的条条框框和停留于嘴边的子曰诗云。儒学妨碍社会进步的原因并不在于儒学思想本身，罪责更不在于孔孟，而在于后世那些不知变通的顽固思想家，以及当面一套背地里一套，干着戕害人性的事情，却要拉着儒家思想为自己辩护的男盗女娼之徒。

《礼记·缁衣》中讲，“言有物而行有格也，是以生则不可夺志，死则不可夺名”。一个人如果说话实实在在，言之有物，行事有规矩法度，那么他活着的时候没有什么人和事情能够改变他的志向，死了也没有什么人和事情能够改变他的美好名声。

如果所有的读书人、所有的儒学家都能够记住这句话并且躬行之，那么他们口中心心念念的大同社会早就来到了。

只是他们大都嘴上讲的是虚浮的“之乎者也”，空谈仁德，做的却是一些压榨百姓、追名逐利的事情。哪一个贪官没有读过圣贤书，大道理能讲得头头是道，做起事来全然变了一副嘴脸，遑论道德规范的约束，即使是法律条文，在他们心中也只是如同废纸。

苏轼从小苦读儒家经典，尽管在中后期，他思想中道家和佛家的渗透很明显，但是在青年时期，主导他的整个言行的，始终是儒家济世救民的思想。

此去凤翔，虽然官职不是很高，但也是可以为国家为百姓做出一些贡献的。是以苏轼就职，除了对家人有些不舍之外，心中还是抱有期待的。

在赴任的路上，苏轼经过渑池，这是一个能够勾起回忆的地方。

就在五年前，苏轼前往京城赶考也经过这个地方，还曾经在这里的寺庙中借宿，和弟弟苏辙一起在寺庙的墙壁上题诗。

古人都有在墙壁上题诗的习惯，最好的题诗之处就是黄鹤楼这样的名胜之地。这些地方来往游人很多，只要作品出色，很快就能扬名四海。

湖北的黄鹤楼上，就有一首崔颢所题的七言律诗，其中“晴川历历汉阳树，芳草萋萋鹦鹉洲”两句，让黄鹤楼周边许多地方都连带着一起出了名。传说后来李白登楼，本来也想题诗，结果看见了崔颢的诗，自觉怎么写也难以超过，索性不写了。

后来，李白来到了金陵凤凰台，在凤凰台上题诗一首，在形式上和崔颢这一首颇有些相似，看得出来应该是故意所为。

在墙壁上题诗的行为从两汉时期开始兴盛，在唐代最为风靡，宋代更是数量众多。可不要以为古人在名胜古迹的墙壁上题诗是一种不文明的行为，一来敢于在墙壁上题诗多少都有两把刷子，写出来的作品往往能够成为艺术品；二来古人也不是随便找块墙壁就题诗了，当地为了招揽文人墨客，会专门设立一堵供人题诗的墙壁。

名胜古迹毕竟不能时时游览，古代文人一生有许多的时间是在路上，不是进京赶考就是前往某地求职或者赴任。

旅途之中最容易牵引起他们的种种情感，所以在邮亭、驿站、寺庙这些文人经常投宿的地方，往往是题壁诗最多的。

关于苏轼的题壁诗，我们最熟悉的莫过于上过课本的《题西林壁》了，他青年时期在这渑池寺庙墙壁上和苏辙一起题的诗并不为人知晓，这一次他再次来到这个地方，当初盛情款待他们的奉闲和尚都已经去世了，当初题诗的墙壁墙皮脱落，那上面的诗也就看不清了。

仅仅五年时间，就已经是物是人非。人能够在这个世界上留下些什么呢？连那写在墙壁上的诗句，都随着时间而模糊不清了。我们在人世间的印记，再过百年之后，是不是也会同样脱落，从天地之间消失得无影无踪？

苏轼一时间心中感慨万千，提笔写下了他青年时期最为脍炙人口的一首诗《和子由渑池怀旧》：

人生到处知何似，应似飞鸿踏雪泥。

泥上偶然留指爪，鸿飞那复计东西。

老僧已死成新塔，坏壁无由见旧题。

往日崎岖还记否：路长人困蹇驴嘶。

人生在世，就像是飞鸟短暂停留在雪地上一样。飞鸟偶然在地上留下了自己的脚印，随即高飞而去不知踪影。雪花纷纷飘落，这脚印也很快就被覆盖，白茫茫一片，仿佛那飞鸟从没来过。那奉贤老和尚已经死去了，他死后身体被火化，骨灰被埋葬，在他的骨灰上筑起了一座新塔，当初题诗的墙壁也已经腐朽了，过去的题诗也看不见了。当初苏轼他们一起前往渑池，结果路上马死掉了，骑着瘦弱的驴子来到的这里，路途是那么遥远，人也十分困乏了，只听见驴子的嘶叫声。

这首诗，通篇写的都是两个字，即“无常”。世界循环往复、永不停息地变化，人也是生老病死，谁也无法预料明天。这种偶然性和无法预知性，很容易就会把人导向一种绝对的绝望，既然一切都无常，那么一切也就都没有了意义，理想、事业、功名，都是虚无的，都是不由人的。

但是苏轼并没有进入到绝望之中，他反而从无常之中把握到了一种超然。既然人活一世，我们不能决定任何外在的东西，那我们不如尽力去做自己应该做的和想做的，把其中遭遇到的种种不幸和磨难都当作寻常看待。

本来苏轼就是抱着一腔爱国热情想要积极入世，在渑池顿悟之后，“无常”与“入世”产生了奇妙的反应，让他能够以一种平和的心态，战胜仕途上的风风雨雨，一心一意只为实现自己的理想。

十二月十四日，苏轼终于来到了凤翔县。这一千一百七十里的奔波，让苏轼一路上思考了许多许多。

凤翔的地理位置十分重要，当时宋朝国力衰弱，西夏等国对其虎视眈眈，凤翔便处于和西夏的交界地带。

从宋仁宗康定元年（1040）到庆历四年（1044），这四年里西夏几乎每年都要入侵中国骚扰边境地带。他们民风彪悍，又十分擅长马上长途奔袭，边境的守卫者根本就无法阻挡他们。而他们也并不是为了占领土地，只是为了夺取粮食，一番烧杀抢掠之后便消失得无影无踪。

对付这样的对手是很难的。大宋虽然兵力上远胜于西夏，但是由于边境线很长，防守的兵力便相对比较薄弱了，而且西夏每年都来骚扰，边境地区的百姓一次次被劫掠杀害，以耕地为主的农业模式也无法维持下去，导致这一带的百姓都十分贫穷，日子过得朝不保夕。

朝廷为了解决这个问题也打过几仗，只是西夏兵强马壮，还真打不过，最后只能退而求和。

按照庆历四年（1044）与西夏达成的和平协议，宋朝每年要给西夏送去大量的物资和银两，而这些东西最后都是要从百姓身上搜刮的。

拿银子换和平的策略，可以说是整个宋朝主要的国策。这个国策不仅让宋朝的大臣们争论不休，后人也是对此意见颇多。

有人说，大宋太软弱了，用银子换来的和平只会助长外敌的嚣张气焰，也注定无法长久，只有血战把外敌打疼了甚至彻底消灭，才能够保持长久的和平。也有人认为打仗所要花费的人力物力是惊人的，甚至这个数量远超过了每年送出去的银两，这样还不如直接给银子，还免得劳民伤财。

但就是这一步步的退让、一点点的妥协，最后导致了靖康之难的发生。

这当然都是后话。苏轼自从进入陕西境内，一路上所看到的，虽然还不至于“白骨露于野，千里无鸡鸣”，但是也差不多是满目疮痍了。

还没上任，苏轼便下定决心，一定要为百姓多做点实际的事情，让百姓的生活过得好一点。

到了自己的任所，苏轼马上就去拜见了凤翔知府宋选。宋家和苏家是世交，宋选和苏洵也是认识的，所以给予苏轼很高的信任。

由于这一次带着家眷，苏轼不可能直接住在任所。因此他买下了一处庭院，照例选择的是有水有庭院的幽静之所。安顿好了妻子，苏轼这才积极投入到工作中去。刚刚上任，苏轼已经敏锐地发现了一桩需要改革的弊政。

在北宋的官府衙门中，有一类人叫作“衙差”，都是给各级官员打下手的，属于最低等的公务员，而在这些衙差中，有一种叫作“衙前”。

衙前的主要职责是负责押送官府需要的物资。古代交通不便，走路都很艰难，更别说押送大宗货物了。所以衙前也是一个很危险的差使，尤其是有一条规定，这条规定是衙差在押送货物的途中如果把东西搞丢了或者损坏了，那么需要衙差来赔偿。

这听起来，衙差这个差使倒像是官方的镖行了，不仅要负责押送货物，还要对货物的安全全权负责。

这当然是为了防止衙差玩忽职守或者监守自盗，但是古代出行的路上意外那么多，以一个衙差的身价，根本就不可能偿还得起官府的货物。

凤翔府衙前的主要任务是往京师运送来自终南山的竹木。凤翔一带道路艰险，从凤翔到京城，需要从渭河水路进入黄河，还要通过三门峡，然后抵达京城。

别的地方都还好，只是三门峡一带水流湍急，即使是大船都很有可能出现事故，更何况衙前根本没有财力乘坐大船，只能自己将竹木编成木筏，那危险程度又上升了好几个档次。

所以凤翔府的衙前往往是因为一趟差使，且不说人能否侥幸活下来，万一货物丢失了，自己还得赔得倾家荡产。

苏轼发现了这个法令不合理之后，马上就写信给当朝宰相韩琦，说这一差使“破荡民业，忽如春冰”，希望朝廷能够给予解决。

同时，他也没有将解决办法完全寄托于朝廷，而是在当地广泛地听取大家的意见，尤其是衙前的意见。他最终了解到，虽然这一路上十分危险，但是如果能够趁着渭水还有黄河还没有涨水之前起程，就不会太过危险。

官员们哪里会听衙前们的意见，他们根本不肯睁眼看别人的疾苦，说要什么时候运送就要什么时候运送。苏轼将这件事禀告给了上司之后，立刻修改了政令，果然大大改善了衙前的处境。

从这件事中可以看出，知府宋选也不失为一个合格的地方官，起码他能够听取下一级官员的意见。

在凤翔，虽然苏轼没有干什么惊天动地的大事，但是他非常善于从小地方见出大道理，并且借以警醒自己。

六年前，苏轼进京赶考的时候曾经经过凤翔。他本来想在凤翔的官驿中借宿，可是这里是破败不堪，根本无法让人投宿，无奈苏轼只能改换他处。这一次再次来到凤翔，他旧地重游，发现这里已经焕然一新。原来是新任知府宋选为来往客人考虑，专门安排人将其修葺了一番。

为此，苏轼很是开心，专门写了一篇《凤鸣驿记》，在这篇文章中他发出了这样的感慨：

> 尝食刍豢者难于食菜，尝衣锦者难于衣布，尝为其大者不屑为其小，此天下之通患也。《诗》曰：“岂弟君子，民之父母。”所贵乎“岂弟”者，岂非以其不择居而安，安而乐，乐而喜从事欤？夫修传舍，诚无足书者，以传舍之修，而见公（指宋选）之不择居而安，安而乐，乐而喜从事者，则是真足书也。

曾经习惯了吃美味佳肴、穿光鲜锦衣的人，就很难再去吃野菜、穿麻布衣服了。曾经做过大事的人也就不屑于去做一些小事情了，这是天下人共同的毛病。《诗经》中说和善可亲的君王，是百姓的父母亲，所难能可贵的难道只是和善可亲吗？难道不是因为他们不挑剔自己居住的环境而依然感到安心快乐，并且愿意为百姓做事吗？宋选修葺驿馆，其实没有什么好说的，但是从他修葺驿馆，可以看出宋选不挑剔自己的居住环境而能够安心快乐，并且愿意为百姓做事，这才是真正值得书写的。

在苏轼仕途的最开始，宋选这位在历史上并不出众的长辈，为苏轼好好上了一课，教会他如何为百姓办实事。“一屋不扫何以扫天下”，总是着眼于大事，想着干出一番大事业是年轻人的通病，有远大理想无可厚非，但是如果不屑于从小事做起，那就是好高骛远了。

《道德经》中说“天下难事必作于易，天下大事必作于细”，荀子的《劝学》中也说“不积跬步无以至千里，不积小流无以成江海”，都是讲的事情要从小做起，放到为官上，则是要务实。

一个真正为民着想的长官，必然是务实的。苏轼从宋选身上看见了这一点，并且牢牢记在了心中。从此以后，他每到一个地方，无论担任什么官职，都会在职权范围内尽量为百姓做事。

杭州的苏堤，就是最好的见证。

第四节 君子肩头落风雨

高中历史课本总结过，宋朝最大的体制问题是冗官、冗兵、冗费。

宋朝吸取了唐朝中后期藩镇割据的教训，将各级官员的权力都限制得死死的，为了限制权力就要将权力分摊，就要增加人手去监督权力的实施，最终导致了各级官员人浮于事，机构臃肿，甚至常常无法决定自己的本职职务。

由于宋朝开朝太祖赵匡胤就是兵变当上的皇帝，太宗赵光义实际也是凭借武力夺得皇位，因此宋朝对武将体系看管得尤其严重。宋朝兵员虽多，但大都集中在中央，平时也无战事，导致战斗力十分低下。守备各处边疆的军队，朝廷也实行轮换制度，经常更换将领，导致将不识兵、兵不识将的情况时有发生。

冗官、冗兵的问题，共同导致了冗费的问题。朝廷开支极大，这些开支最后都要摊派到民众身上，最后导致宋朝的百姓承受着本不应该的极大负担。

这是宋朝整个官僚体制乃至国家机制的问题。宋朝涌现出了那么多的能人，并不是没人能够看到，但是没有人有能力去改变。因为这些看起来对国家百害而无一利的措施，却是维持皇权稳定的关键，任何一任君王都绝对不会允许有人动摇这根本。

苏轼初涉官场，或许还没有看见整个国家层面的问题，即使他看见了，也是无能为力，但他不会自暴自弃，而只会继续做好自己该做的。

这积重难返的天下，的确不是个体就能够轻易扭转的。但是他自己选择当个好官，就能够帮助到一部分百姓，为官一任，造福一方，这是苏轼心中的信念。

有一天夜里，寒风呼啸。第二天一早醒来，苏轼发现外面已经是一片雪白，居然下了一夜的大雪。

苏轼是四川人，四川虽然偶尔也能见到飘雪，但是和陕西、甘肃比起来，却也是小巫见大巫了。看到这样的雪景，苏轼忍不住冲出门去赏雪。

雪真是无价之宝，他担心雪很快会化掉，骑着马赶紧出去看，身上还披着蓑衣。这一路上居然没有发现一个脚印，看来他是第一个出来赏雪的人。

在天地一色的雪地里，苏轼怡然自乐，恍然不觉已经是中午了。寒风吹来，他也感觉到了一丝寒冷，忽然有了新的体悟。

这样天寒地冻的雪天，我吃饱穿暖出来赏雪都觉得冷，还有那么多衣不能蔽体、食不能充饥的穷苦百姓该怎么办哪！

这个时候他才想到了为什么一路上都没有脚印，村子里也是静悄悄的，原来是因为他们衣服太过单薄所以不敢出来，是因为吃不饱所以才没有力气说话。恰好这个时候，不远处的乌鸦突然飞起，将树枝上的雪惊落了。

早上起床的时候本来是开开心心的，这个时候已经一片怆然。对于文人墨客来说，这雪是极美的景色，是值得歌咏的对象，对于穷苦百姓来说，这雪很可能是要人命的刽子手，是索命的阴差。

不仅仅是冬天的雪让苏轼揪心，他在凤翔签判任上，还遇见过好几次十分严重的旱灾，每次都痛心不已。

古代中国是农耕文明发达的社会，农耕文明比起游牧文明来说要相对稳定很多，但是也会面临许多意外天灾。

老一辈人常说“靠天吃饭”。大家辛辛苦苦忙活一年，能不能有个好收成就全靠老天爷了，有时候天帮忙比起人帮忙还要重要得多。

可是天意自古难问，什么时候下雨什么时候天晴，当时是很难预测和掌控的。当遇到自然灾害的时候，人们束手无策，尽管不知道那个到底存不存在的老天爷帮不帮忙，也只能够寄希望于它了。旱灾来临，苏轼和百姓一样心急如焚，祈求上天快快降雨。

神灵究竟存不存在，儒家始终抱着很谨慎的态度。孔子既“不语怪力乱神”“未知生焉知死”，但同时他也“祭神如神在”。

可见孔子对于神灵是否存在也是拿不准的。所以他既不迷信神灵，也不怠慢神灵，做好自己该做的，尽人事而听天命。

苏轼也是如此，他看着几近绝望的百姓，心中到底不忍。他准备用他那当世无匹的辩才，为百姓说说理。

在凤翔县旁边，有一片崇山峻岭被称作秦岭。秦岭—淮河一线是我国南方与北方的分界线，在气候上也是湿润区与半湿润区分界线。

聪明的古人早就发现了秦岭—淮河两边的不同之处。在秦岭最高大的山峰太白峰上，有一个庙宇，在庙宇之前有一个小池塘，当地人相信龙王就住在里面，所以苏轼求雨便要到这里来。

苏轼很用心地写下了一篇言辞恳切的《祈雨文》。在文中，他描述了百姓的艰苦，如果久不下雨天下大旱，人民没有粮食吃了，天下就会盗贼蜂起，岂止是当地的官员们因此而忧虑，难道一方山神就能够熟视无睹，心安理得地坐视吗？

求雨过后，竟然凑巧真的下雨了。但是降雨量太小了，对于庄稼来说是杯水车薪。苏轼认为，这说明神灵还是灵验的。为什么只下了这么少呢？苏轼认为是因为太白山的神灵是唐朝册封的，当时被封为公爵，宋朝却将其封为了侯爵。

古代爵位分为公侯伯子男五级，由唐朝的公爵降到了宋朝的侯爵，这山上的神灵肯定是不高兴了，所以才没有满足百姓的需求。

于是苏轼向朝廷写了一封奏书，请求将太白山上的神灵恢复为公爵，并派人将此事告知神灵，又从太白峰前的池塘中取了一盆水，称其为“龙水”。

过了几天，龙水取回来了。当日苏轼和太守一起亲自去迎接，出发的时候就阴云密布，只是雨水怎么也不肯下来，苏轼便又和太守一起到真兴寺中祷告。民间传说，路上一朵乌云飘浮在他身边，他伸手抓了几把藏在了篮子里，并且对乌云说："我们太守可是一心为民，诚诚恳恳祈求下雨，希望神灵能够为之感动。"

祷告完毕之后，他和太守一起出去迎接龙水。龙水刚刚到，天边就雷声四起，狂风呼啸。他将龙水放在祭台上，默默诵念了祈雨文。不多时，果然天空下起了瓢泼大雨，万民欢欣，地里的庄稼终于活了过来。

看到百姓展开笑颜，苏轼感到一种喜悦涌上心头。有了这场雨，意味着很多人可以躲过饥饿，甚至可以从死神的手中重获新生。为了纪念这次难忘的求雨经历，他特意将后花园的亭子改名为"喜雨亭"，并且写下了一篇惊艳后人的《喜雨亭记》。

经过了这件事情，苏轼似乎对神灵的事情更加笃信了一些。第二年的七月，到了庄稼正在生长急需要雨水的时候，凤翔这里又是干旱无雨，苏轼再次出马去祈雨。

只可惜，这一次并没有上次那么灵验，失望的苏轼将希望转向了蟠溪边的姜太公。

姜太公到底灵不灵验？已经没有任何凭证了。古代社会，对一些无能为力的事，人们往往会寄希望于"天"。如汉朝董仲舒以后的儒家，在将天子与天神关联起来之后，以君权神授的方式提高天子的权威，也以"天人感应"的说法对天子提出限制。

因此在古代，如果出现了什么异常的自然现象，都被认为是天子做错了事情，皇帝是需要下罪己诏历数罪过的。

民间也是如此，如果向神灵提出什么请求却没有应验的话，一定不是神灵不存在或者神灵有什么问题，而是自己身上出了毛病，而最常见的说法就是“心不诚”。

所谓“心诚则灵”，其实求神拜佛都不过求个心安。如果真的将所有希望都寄托在神灵身上，这样的人恐怕就是神灵也束手无策。

除了求雨之外，苏轼还有不少颇为离奇的传说。

据说，苏轼从凤翔返回京师，在路过白华山的时候，随行一个侍从突然将身上衣服全部脱光。别人连忙给他穿上了，他又继续脱，状若疯狂。大家纷纷说道：“这个人肯定是干了什么事情得罪了山神了，这是山神要惩罚他。”

苏轼听了，来到了山神庙中。他口若悬河对着山神说了一通，解释说这侍从相对于山神来说就像是只蚂蚁、虱子一样渺小，又怎么足以让神灵发威惩罚他呢？如果说他有什么不敬的地方，这样的小罪也用不着山神出手责罚，难道是有什么高官富贵者犯了什么大错有人庇佑，所以山神不敢责罚他们，而将怒气施加在一个小兵卒身上？自己只是一介小官，身边一个人病了一件事就办不成，希望善生能够赦免他。

祷告完毕之后，苏轼正要离开山神庙，忽然一阵飞沙走石，侍从们都无法行走。苏轼却怡然不惧向前走去，并对身边人说：

“难道山神的怒气还没有消除？我不怕他。”

其他侍从实在是害怕，劝苏轼回去向山神请罪。苏轼却说：“我的命是由天帝掌握的，如果山神一定要发怒降罪于我的话，那就由他好了，我偏要前行，看他能奈我何！”

苏轼继续大步向前，一点也不肯向山神服软，这山神似乎也是个欺软怕硬的家伙，很快风就止息了，那个“发疯”的兵卒也恢复了正常。

诸如此类的故事当然不足信。想必是后人太过于佩服苏轼，所以才在他身上附会了这些真真假假的故事。

在凤翔任上，苏轼虽然一心只想为百姓办实事，可他的官职不高，受困于宋朝臃肿的官僚体系，许多事情都由不得自己，因此经常被迫闲下来。

人在本来应该忙碌的时候闲下来，就很容易觉得发闷。好在凤翔是有名的古都，名胜古迹不少，可以让苏轼去进行一些文化探索。这里有秦刻的石鼓文，有王维画的竹子、吴道子画的佛像，还有真兴寺、秦穆公墓等，被人们称为“凤翔八观”。

苏轼每当烦闷的时候，就会去这些地方转转，一方面瞻仰古人，一方面也为了排遣内心的郁气。

他在孔庙里轻抚着穿越千年的石鼓文，心事重重。想当初，韩愈也曾经看着这些斑驳的文字，感叹自己生得太迟了，而苏轼距离韩愈又已经是百年之后了。

这石鼓文据说是周宣王时期留下的文字。从孔子开始，历代的儒生谁不想回到那个文治武功、礼乐和谐的周朝去？石鼓文已经历经了两千多年，经过了秦朝焚书坑儒的惨祸，还依然能够流传下来，已经是奇迹。人世间朝代都已几经更迭，更何况是人呢！抚今追昔，苏轼慨叹不已。

苏轼自幼喜欢绘画，对王维和吴道子两位画家更是深爱之。他对王维诗画的评价“诗中有画，画中有诗”已经成为文学史上的定评。

在凤翔的普门寺和开元寺，就分别有着这两位画家的真迹。苏轼对那些画作细细品味，不仅从画艺上，更从精神上得到了某种共鸣。王维和吴道子都酷爱佛家，但两人又有所不同。

吴道子的画更加奔放雄伟，就像是苏轼的性格一样；而王维的画更加沉静内敛，具有诗的气息，这符合苏轼对于诗歌技巧上的追求。由于对两位画家实在过于喜爱，他经常早晨骑马去看，深夜才返回家中。

第三章

风起云涌：让所有的来路拥抱归途

第一节 向着微光跋涉

看花听鸟，观山弄水，再有二三知己谈诗，一位佳人相伴，优游快活的生活是每个人所向往的。这样的生活会让人忘记时光的流逝，直到某一天恍然惊醒，过去的日子才如一场大梦一般，在自己的生命里留下永恒的记忆。

以苏轼的才华，他完全可以过上宿柳眠花、醉生梦死的生活，或者是万事不关心，就在凤翔任上“且将新火试新茶，诗酒趁年华”。

但是他不想这样。理想有时候不仅是一根绳索，在人跌落深渊的时候借力攀爬，也会是一根刺，当人醉在舒适乡里的时候，它会从心尖尖上扎你一下，让人及时警醒。

在凤翔的这段时间，苏轼谈不上公务繁忙，主要因为很多事情他有心却无力。衙前的事情他虽然尽力解决了，却也治标不治本。他心里明白，天下冒着生命危险和倾家荡产危险的衙前又何止凤翔一处。

嘉祐八年（1063）三月，宋仁宗驾崩了。

宋仁宗之死，让苏轼很是伤心。他是仁宗钦点的天子门生，仁宗对他和苏辙一直信任有加。

在中国历史上，宋仁宗算不得一个很有作为的皇帝。他是宋朝第四位皇帝，在位时间也是最长的。很多人质疑他，因为他与西夏打败仗，不得已签订了“庆历和议”。大辽借机施加压力，宋朝无奈只能向大辽缴纳更多的岁币。

其实，这也不能算是仁宗的错。宋朝从开国之时就已经落入了弱势，仁宗在位期间任用了范仲淹等人，希望能够改革弊政，增强国力，只是国内阻碍太多，最后不了了之。

《宋史》对于他的评价是“为人君，止于仁”，算是十分中肯了。仁宗在位期间，国家还算安定，尤其是经济和文化十分繁荣。他对于朝臣也多有宽容，著名的包青天包拯就是仁宗朝的官员。

但是“止于仁”，换成现在的话就相当于“你是个好人”或者“挺好的”，一般在说出这样的话的时候，后面肯定还有半句不好的话没有说出来。

臣子蔡襄就说过，宋仁宗是“宽仁少断”。虽然宽厚仁慈，能够听取臣子们的意见，但是到底听取谁的、任用谁的，就显得优柔寡断了。

明末思想家王夫之也说宋仁宗是“无定志”。他在位期间，两府大臣换了四十多人，手下人像是走马灯一样，在位置上都没做成什么事就被替换掉了，这样的轮换虽然让有能力的人得到了被任用的机会，却没有给他们发挥才能的足够时间。

苏轼对仁宗的评价颇高。他说：“仁宗皇帝在位四十二年，搜揽天下豪杰，不可胜数。既自以为股肱心膂，敬用其言，以致太平，而其任重道远者，又留以为三世子孙百年之用，至于今赖之。”

仁宗皇帝去世后，摆在苏轼眼前的问题是：朝廷让凤翔府运送大量木料送往京城，为仁宗皇帝修建陵墓。

这件事情很是令人焦虑，光砍伐木料就很下功夫。木料好不容易准备完毕，凤翔府又遭遇了大旱，干旱的天气使得河水干涸，导致木料根本运不出去。

为此苏轼很是揪心，在与弟弟苏辙的往来书信诗词唱和中也提到了此事。他说“桥山日月迫，府县烦差抽。王事谁敢愬，民劳吏宜羞”。皇帝去世了，时间很紧急，府县动用了大量的民工，这是为了皇帝做事情，谁又敢心怀怨恨呢？只是民夫们太过劳累，官吏们看了也觉得很羞愧。

无法水运，那就只能够靠人工运输了。

“千夫挽一木，十步八九休。”上千人抬着巨大的木料，由于太过劳累，走十步几乎就要休息八九次。看到这样的场景，苏轼不禁心如刀绞，“对之食不饱，余事更遑求”，连饭都吃不下了，更别说别的事情了。

好在过了一些日子，终于下了几场秋雨，苏轼的心情也渐渐好转。

“劬劳幸已过，朽钝不任锼。秋风迫吹帽，西阜可纵游。聊为一日乐，慰此百日愁。”繁忙的公务已经过去，苏轼的身体也快到达极限。秋风吹拂着，他准备去西山游玩，暂且用这一日的欢乐去慰藉自己之前的忧愁。

在凤翔任上，苏轼其实可以过得很自由享受。但是这不符合他内心的道德律，对于想要为民为国出力的他来说，实际上却过得很沮丧。

他时常感到年华流逝，陷入貌似充实的忙碌。有的时候，他会对着镜子感到恐慌。“万事悠悠付杯酒，流年冉冉入霜髭。”他还很年轻，要表达的不是身体上的衰老，而是心神的衰老。

意义感的丧失，是苏轼失落的主要原因。他曾以为上任之后，状态会是风风火火的。理想在凤翔扎根，他全心全意帮助百姓改善生活，改革弊政。实际上，许多事情他都无能为力，深深的挫败感让苏轼感到心累，开始生出思乡的愁绪，便写下了这首诗：

题宝鸡县斯飞阁

西南归路远萧条，倚槛魂飞不可招。
野阔牛羊同雁鹜，天长草树接云霄。
昏昏水气浮山麓，泛泛春风弄麦苗。
谁使爱官轻去国，此身无计老渔樵。

那一天，苏轼为了舒缓心情，登上了宝鸡城楼。站在城楼上朝着西南处眺望，那是家乡眉山的方向。眉山是那样遥远，中间隔着万水千山。即使如此，他的魂魄也早就飞到了自己的家乡。家乡现在已经是一片春色，在宽阔的草地上，牛羊自在吃草，大雁和鹭鸟在高空飞翔，一眼望过去，在天之尽头，远树似乎连接着云霄。水汽昏暗在山头浮动，柔柔春风吹动着青青麦苗。故乡是多么美好哇，谁让他选择了远离家乡去当官呢？这辈子或许都无法如渔夫樵夫一样自在生活了。

这首诗写得很是沉痛。家乡越是美好，越是衬托出苏轼在异乡的无所适从。

让苏轼更加难以接受的是，他很尊敬的太守宋选离开了凤翔，新任太守与苏轼之间的合作并不愉快。

新太守姓陈，武人出身，所以有些沙场气质。作为一个官员，他并不是无能之辈。在长沙为官的时候，他曾抓捕了一个犯罪的僧人，那僧人与许多权贵交情颇深，但是陈太守一点也不顾及，仍然将其依法处置。还有一次，他发现有一伙男子扮作巫师，在乡里为非作歹，欺骗百姓，这些人有七十多人，陈太守将他们全部抓起来狠狠惩治了一番，并且将他们遣返故乡务农。

这样一个人，其实很有魄力，但有时也会刚愎自用。苏轼和他是同乡，两人一个骄傲一个强硬，不可避免会发生矛盾。

矛盾往往是从小事情开始积累起来的。比如苏轼的职责本来就是拟写公文奏章，但是苏轼写好的东西，陈太守看见了往往会进行改动。这就让苏轼很是不满，文人向来讨厌别人改动自己的文字，何况是他认为很不合理的改动。

陈太守也觉得苏轼这个人少年成名，性子有些狂妄。因此苏轼几次拜访，他要么避而不见，要么故意让苏轼等候很久。

但这样的矛盾，不影响陈太守对于苏轼文采的佩服。他在太守公馆里修建了一座“凌虚台”用来登台观赏景物，还请了苏轼来为凌虚台作文，并刻在石碑上。

苏东坡满口答应，但是心里已有主意。平日里陈太守刁难他，面对上司他也无法反抗。趁着这个机会，他准备趁机好好报复一下。

最后，苏轼写了篇充满讽刺意味的《凌虚台记》。建筑文大多极力描写周围景物和建筑本身的特色，最后往往还要夸赞建造者的功绩和人品，才是一篇合格的亭台楼阁记，比如范仲淹的《岳阳楼记》。

可是苏轼的这篇《凌虚台记》，先在文中讽刺了陈太守命名的不合理，随后写这凌虚台坍塌的状态，并且讥讽太守不知道城外有山。为他人作志记写成这个样子的，还真是独一份。

陈太守并非没有读出其中深意，他大笑而过，将其原文刻在了石碑上。这件事情反而让苏轼意外，发现这位陈太守其实也是性情中人。尽管因为性格的缘故，两个人有些合不拢，但并不算是敌人。从此以后，他开始佩服起陈太守的果敢，两人的关系缓和了不少。

后来陈太守去世，苏轼专门为其撰写了墓志铭。古代落魄文人经常通过为他人撰写墓志铭来赚取润笔费，而苏轼一生只写过七篇墓志铭，陈太守便在其中。可见苏轼对陈太守已经并无怨念，反而心中是颇为尊敬的。

陈太守的命运有些坎坷，他是因为被人举报收受贿赂而被判处死刑的。他的儿子陈慥隐居在黄州，后来苏轼正好被贬谪到黄州，这也是其政敌的有心之举。他们知道苏轼和陈慥的父亲曾经有过矛盾，将苏轼贬谪到黄州就是想要陈慥找苏轼麻烦。

但是他们没有想到，陈慥虽然和父亲一样是个急性子，喜欢舞刀弄枪，但并不是不讲理之人。他知道父亲的死和苏轼没有关系，也知道父亲其实很欣赏苏轼，所以苏轼来到黄州之后，他不仅没有下绊子，反而经常提供帮助，与苏轼俨然忘年交。

在凤翔的那段日子，对苏轼来说有些煎熬。他清楚感受到，那不是他想要的生活。但是他觉得，既然有为国为民的责任心，如果遇到不顺心如意的时候就想着逃避归隐，这样的人只能称之为懦夫。

因此，他除了偶尔在诗中感慨，现实中依然打起十二分精神来对待每一个人，尽可能去做好每一件事。

一天早上，小雪飘飘。他坐在窗前，提笔给苏辙写下了一首诗：

九月二十日微雪怀子由弟二首（其一）

岐阳九月天微雪，已作萧条岁暮心。
短日送寒砧杵急，冷官无事屋庐深。
愁肠别后能消酒，白发秋来已上簪。
近买貂裘堪出塞，忽思乘传问西琛。

凤翔九月的时候就已经下起了小雪，好像已经有了岁暮的意思。白天越来越短，家家户户都传来了赶做冬衣的砧杵之声，像苏轼这样闲居无事的官员，都躲在家中不出门。自从分别之后，愁绪催逼之下，只能借酒消愁，近来头发白得越来越多，发簪上都已经清晰可见。但是苏轼近日已经买好了貂裘大衣，只要朝廷的任命一到，苏轼愿意为国远出西塞建功立业。

这就是苏轼，不管自己心中有再多委屈和无奈，依然时时刻刻等待着能够为国家效力的机会。

仁宗嘉祐九年（1064），他在凤翔的任期结束。第二年正月，苏轼就带着全家回到了京城。

三年任期已满，朝廷会派人考察他的绩效，也叫作“磨勘”。也就是说，朝廷会根据考核绩效来决定接下来的任命。

回到京城的苏轼可以照顾父亲了。这次换苏辙走出京城，前往大名府做官了。

此时仁宗已去世，继位的是英宗。英宗早就听说了苏轼的大名，准备将其破格提拔为翰林。但是宰相韩琦觉得他还缺乏历练，此时让其青云直上，对于苏轼来说并不是一件好事。

英宗又准备将其任命为专门记载宫中公务的官员，韩琦再次否定。因为这个职位其实和翰林的性质差不多，都是为皇帝起草诏书。

在中国古代，相权长期以来都是和皇权相互制衡的关系，韩琦之所以接连阻止皇帝将苏轼提到身边去，是因为他很看好苏轼，希望他能够为国为民做事，而不是成为皇帝身边的宠臣，只是为皇帝做事。

最终，英宗还是听从了韩琦的建议，让苏轼正常参加职位考试，在史馆任职。

对这个决定，苏轼欣然接受。他正好可以借此机会饱览国家收藏的珍贵典籍，让自己站在巨人的肩膀上。

第二节
时光里走失的爱人

生命里，有人来了又走，只留下斑驳足迹，仿佛随着一声轻叹，便烟消云散。

她来了，在生命的天空挂上一道彩虹；她走了，那片天空，永远多了一角阴雨连绵。

回到京城的苏轼，成为一名馆阁之臣。

这个职位官衔虽然不高，权力也不大，但是胜在清贵。他可以结交名士，也能够饱览群书，不失为一件幸福的差事。

本以为，他可以从此过上舒心的生活，看书作画，陪伴家人，或与友人饮酒谈诗。

不知道是不是孟子说的那样，天将降大任于斯人也，总是要通过各种各样的手段来“苦其心志，劳其筋骨，饿其体肤，空乏其身”。这年的五月二十八日，苏轼生命中最重要的女人——妻子王弗去世了。

其实在凤翔的时候，王弗的身体就有点虚弱，但苏轼总是乐观看待，觉得妻子还很年轻，回到京城找个名医自然能够调养好。

只是没想到，生命并没有那么多的来日方长。

苏轼的官职落定之后，王弗也松了一口气。但同时她也感受到，自己身体每况愈下，或许已经时日无多了。在最后的时光里，她一边假装镇定，不让苏轼过度担心，一边又忍不住多有劝诫，担心丈夫的臭脾气总是得罪人。

王弗的突然离去，让苏轼感到很不适应。心口的悲伤完全抑制不住，却又不知如何宣泄。作为一个成年人，许多苦，他不知道该跟谁诉说了。

他忽然想起了那一年，王弗穿着红衣走进苏家宅院的样子。她抿着嘴笑，眼中满是温柔，那样明艳动人。

苏轼有一首《蝶恋花》，很符合苏轼与王弗初见的情形。

记得画屏初会遇。好梦惊回，望断高唐路。燕子双飞来又去。纱窗几度春光暮。

那日绣帘相见处。低眼佯行，笑整香云缕。敛尽春山羞不语。人前深意难轻诉。

女子躲在画屏后面乍然相见，只这一眼，便日日梦中相会。外面的燕子都是双飞双去，纱窗之外，又是几度春光迟暮。可是我与你久久无法再见。还记得那一天我们在绣着花的帘幕旁相见，你低眉垂眼，装作要走的样子，却又微笑着整理自己的发丝。眉头轻轻皱起，害羞得不敢说话，心中有许许多多的话想说，可是在人前怎么好意思轻易说出口。

妻子如此娇羞，令苏轼辗转反侧。如今，人已经永远离开了自己，只好把那生动的样子深深刻在心里。

那时候，苏轼还没有进京赶考。时常他在灯前读书，王弗在旁边安安静静做女红。有时他背书卡住了，她居然能够提醒。原以为只是意外，后来他随意抽出一本书选一章来提问，王弗虽然不能如同后世的李清照一般“赌书消得泼茶香”，却也能够讲出个大概。苏轼惊讶地看着身边的女子，没想到她除了温柔贤淑之外，还有这样的学识。

眼前灯火摇晃，苏轼眼光迷离。他还想起了当初在凤翔的时候，自己初出茅庐，冒冒失失的，老是不经意间得罪人。王弗经常等到苏轼回来了之后，会仔细询问他在外面做了什么说了什么，暖心地去提醒和安慰。

王弗经常对苏轼说，“你父亲不在身边，许多事情没有长辈指点很容易做错，就更加要小心一些，不能像以前一样不当一回事了”。有时候，她也会将苏洵的话拿出来告诫苏轼，让他时时刻刻反省自己的言行。

有人来家里拜访苏轼，王弗会躲在屏风后面观察。有一次，一个溜须拍马之徒来访苏轼，苏轼却没有看出来对方的意图，和人家真心实意交谈了好久。后来等到客人走后，王弗走出来跟苏轼说道：

“你跟他这样的人还讲那么多大实话干吗，他听你说话，只不过是想迎合你的意思来奉承你而已。”

这所有的回忆，都纷纷翻涌起来，就像苏轼眼眶里的泪。音容笑貌仍在眼前耳边，却无奈已经天人永隔。

王弗死后，苏轼写过一篇墓志铭。篇幅很短，但其中蕴含的深情令每一个读到的人都为之动容。他悲痛说道：“呜呼哀哉！余永无所依怙。君虽没，其有与为妇何伤乎？呜呼哀哉！”

苏洵也很是伤心，他对苏轼说：“王弗是从艰难的时候跟随着你的，你不能忘记她，将来一定要将她葬在你母亲旁边。”第二年，苏轼将王弗葬在了母亲的坟边，并亲自栽种了许多青松。每当清风吹来，松树沙沙作响，万分凄凉。

十年之后，苏轼在一个凄清的夜晚梦到了妻子，醒来已是满脸泪水，他写下一首传诵千古的悼亡词《江城子·乙卯正月二十日夜记梦》：

十年生死两茫茫，不思量，自难忘。千里孤坟，无处话凄凉。纵使相逢应不识，尘满面，鬓如霜。

夜来幽梦忽还乡，小轩窗，正梳妆。相顾无言，惟有泪千行。料得年年断肠处，明月夜，短松冈。

十年光阴弹指而过，一家人又经历了多少风霜。过去再多苦难，都有她的陪伴，可是这没有她的十年，这生死两茫茫的十年，心中的悲苦都无法言说。即使不去有意思念她，可是又怎么能够忘记呢？她还在那远远的眉山，距离苏轼千里之外，这凄凉的情绪向谁诉说？可是就算他们有一天能够相逢，她也应该认不出苏轼了吧，这十年苏轼是如此憔悴呀，尘土满面，两鬓如霜。

夜里，苏轼那清幽的梦魂突然回到了家乡，看见她还在小小的轩窗那里，正在和往日一样梳妆打扮。他们彼此看着，一句话也说不出来，只有眼泪止不住地流淌。想必每一年，最让苏轼断肠的地方就是在那月明之夜，就是那矮矮的坟堆呀。

在古代诗词作品中，不乏优秀的悼亡诗和悼亡词。苏轼这一首之所以格外感人，是因为其中蕴含的情感实在深沉。他没有写自己这十年来如何思念，也没有写梦见王弗如何诉说相思，而是讲“纵使相逢应不识”。不是因为太久不见而忘记了彼此的容貌，是因为我已经变了太多。

除了这首为人所共知的《江城子·乙卯正月二十日夜记梦》之外，苏轼在王弗去世的当年，还曾经写下过一首情深意重的《翻香令》：

> 金炉犹暖麝煤残。惜香更把宝钗翻。重闻处，余薰在，这一番、气味胜从前。
>
> 背人偷盖小蓬山。更将沈水暗同然。且图得，氤氲久，为情深、嫌怕断头烟。

金色的香炉还有着暖意，麝香已经只剩下些许残余了。因为爱惜麝香而用宝钗去翻动，使其能够充分燃烧，重新来闻，竟然还有淡淡的余香。而且这一次的气味，更胜从前。趁着别人不注意，偷偷将香炉的盖子盖上，还把沉香木的香料也加进去一同燃烧，这样就能够燃烧得更久。因为他们的感情深厚，担心香没有烧完就熄灭，让他们来生分离呀。

词的上片写女子烧香的情形，借着写香气长久，其实是希望与王弗的爱情能够长久。通过对王弗烧香一些细节的描摹，表现了苏轼对妻子的怀念。下片转写自己烧香，很意外地勾勒了一个不同于我们记忆中的苏轼的形象，极度细腻而温柔。尤其是最后一句，民间说给佛供奉的佛香，如果还没烧完就断掉了就被称作断头香，是不吉利的，来生会落得和亲人离散的果报。苏轼用在这里，更是表达了自己希望能够与妻子之间来生继续相守的愿望，将其理解为在王弗死后的悼念似乎更加合适。

福无双至，祸不单行。苏轼还没能从妻子离去的悲痛中走出来，另外一件同样让他痛不欲生的事降临了。

第二年四月，五十八岁的苏洵也撒手人寰，离开了苏轼两兄弟。

当时，苏洵正在苦心撰写《易传》，还没完工。在临终之时，他还叮嘱苏轼和苏辙一定要将这部书续写完成。

苏洵之所以在去世之前用力于撰写《易传》，正是念念不忘于儒家的“立德、立功、立言”三不朽。立德是圣人之能事，旁人不可及，立功对于年迈且无功名在身的苏洵来说也遥不可及，唯有立言，他还能够努力去尝试一番。

只可惜天不假年，苏洵带着深深的遗憾去世了。苏洵逝世的消息传到朝廷，英宗下诏赐了白银一百两、绢一百匹。韩琦和欧阳修这样的大臣纷纷送上厚礼吊唁。但是，这些都被苏轼拒绝了。

苏轼知道，父亲一生最大的遗憾，就是没能考取功名，没有什么像样的官职。所以他请求朝廷能够追赠苏洵官爵，让他能够风风光光离开。

英宗答应了苏轼的请求，追赠苏洵为光禄寺丞，属于从六品官职，还派遣官船护送苏洵的灵柩运回眉山安葬。

六月，苏轼和苏辙护送灵柩到达眉山，将父亲葬在了母亲程氏旁边。

父亲去世，按照丁忧制度，兄弟俩这一次要守孝两年零三个月。这无疑再次切断了两人刚刚起步的事业。

在丧期中，还有另外一件事需要解决，那就是苏轼的婚姻问题。苏轼正是壮年，膝下还有孩子要照顾。从家庭的需求角度，他必须续弦。

续弦娶谁家的姑娘，这是一个需要慎重考虑的问题。苏轼的脾气算不上好，最好是温柔贤淑的女子；家里还有年幼的孩子，最好新妇可以视为己出。

很快，这个问题就解决了。

原来，王弗有一个堂妹唤作王闰之，十年前母亲去世，苏轼回家守丧的时候，就经常在岳父家见到。但那个时候王闰之年纪还小，并没有引起苏轼的注意。

不过，苏轼卓然不群的气质却悄悄刻在了王闰之心上。由于这个原因，王闰之的婚事总是一拖再拖，二十一岁也没有出嫁。这个年纪在当时已经算是“剩女”了。

当得知姐姐王弗去世，王闰之在伤心之余，也再次动了嫁给苏轼的心思。尽管苏轼大她将近十一岁，但那就是她一辈子的心愿。

在哥哥的撮合下，苏轼同意续弦娶王闰之。作为王弗的堂妹，他相信她一定会对孩子视如己出。果然，婚后王闰之又为苏轼生下了两个儿子，她对待三个孩子始终一视同仁，没有一丝一毫的偏私。

王闰之陪伴苏轼经历了他一生中最为辛苦的日子，始终不离不弃，没有一丝怨言。

丁忧时间很快就过去了，苏轼和苏辙两兄弟继续踏上梦想征途。他们守丧期间，英宗去世，神宗继位。在神宗熙宁元年（1068），苏轼和苏辙带着家眷第三次进入京城。

在出发之际，许多亲友乡邻自发送别。苏轼两兄弟是小小眉山镇的骄傲，这里的父老乡亲格外看好两兄弟，他们还在苏家的庭院里种下了一棵荔枝树，希望两兄弟能够像这棵树苗一样茁壮成长。

苏轼与父老乡亲告别，并请求大家帮忙照顾父母亲的坟茔。当时的他没有料到，自己再也没能有机会回到这里。父母已走，他们彻底没有了任何依靠，兄弟俩成为苏家的顶梁柱。前面等待他们的不是康庄大道，而是布满荆棘。

人生不可预料，有时风平浪静，有时波涛汹涌。苏轼已经学会了不去追问。他只愿凭着本心一路向前，怀抱最朴素的生活和最遥远的梦想，即使明日天寒地冻，路遥马亡。

第三节
奈何西风向东吹

秦朝开始，权力逐渐集中。而后历代王朝的君主，都想尽办法来加强中央集权和皇权专制。

所谓中央集权，就是要把全国各个地方的权力集中到中央枢纽；而皇权专制，则是把所有权力集中到皇帝一个人手中。这两者在一定历史时期内是进步的政治制度，是开国君主们不断总结前朝灭亡经验所完善的制度。

宋太祖赵匡胤是“陈桥兵变”的最终获利者，对于唐五代的弊政，他是亲身经历者。所以他建立宋朝以后，第一件事就是要将军权牢牢掌握在中央的手里，绝对不允许地方割据势力的出现。于是就出现了极为有名的“杯酒释兵权”的故事。

同时，他实行“更戍法”。士兵在各地轮换驻防，又养着大量中央禁卫军，兵士和将军各不相熟，战力低下的同时军费开支却极大。

赵匡胤认为武人是最大的不稳定因素，他们手握兵权，极容易造成国家的不安定，所以将军队交给文人统率。

这不是因为赵匡胤多看得起文人，而是因为俗话说“文人造反，三年不成”。文人往往没有武人那么大的魄力，忠君爱国的思想也比较重，兵变的可能性更低。而且有些文官喜欢内斗，可以很好地制约武将的权力。

文官内斗也涉及治国的另外一个方面，那就是帝王之术。每一代君主总是想将国家大权掌握在自己一个人手中，但是这很明显会造成独断专行的后果。所以朝中大臣们往往会很默契地联合起来限制君权。

这个时候挑起大臣们的内斗，让他们自我消耗最后不得不妥协于自己，就是帝王之术的重要内容了。宋朝干脆制定了一系列的制度，在整个官僚系统中实行“分化事权”的方式来使其互相牵制，最后权力就不得不集中在中央，并进一步集中到皇帝手中。

比如说，宋朝的地方长官是由朝廷派遣的文人担任的，一州长官即知州。除此之外又设立了通判，通判是一个州的二把手，但是他是直接由中央任命，可以直接向皇帝写奏章。也就是说，虽然这个州的最高长官是知州，但是通判觉得知州做得不好，可以向皇帝打小报告。知州在当地实行的政策，也必须要通判同意才可以。

这样一来，知州和通判互相提防，知州也就不敢违背朝廷的命令，权力便集中在了中央。但是很难说知州和通判之间存在多少信任，也就更难以通力协作以求造福地方了。

欧阳修在他的《归田录》中讲过这样一个故事：有个叫钱昆的杭州人很喜欢吃螃蟹，他在朝廷任职的时候想要调到盛产螃蟹的地方担任知州。但是他一直没能如愿，原因就是他想去一个既有螃蟹又没有通判的地方。

在财政上，宋朝是国富而民穷，全国各地的财政赋税都上交到了中央，而中央为了防止百官贪污，给官员们的俸禄是很高的，这也是宋朝几乎每个士大夫家中都蓄养歌伎的原因，因为他们大多财力雄厚。

连苏轼家中也有歌伎，太平宰相晏殊家中更是“未尝一日不饮宴”。官僚机构越来越臃肿，给国家财政也带来了很大的负担。

还有辽、西夏等政权一直侵袭大宋，劫掠边境之外，朝廷打了败仗还要每年缴纳岁币，更是给本来就无力支撑的财政压上了最后一根稻草。

总之，在歌舞升平的表面之下，是暗流汹涌和危机四伏。有识之士都看出了大宋的危险境地，纷纷提出了各种各样的改良政策。

苏轼还在读书的时候就听说过，仁宗朝由范仲淹、韩琦等发起的“庆历新政”就是一场希望能够改变现状、缓和社会矛盾的改革，但可惜很快就在保守派的反对下失败了。

并不是每个人都能够觉察到黑暗的来临，也不是每一个觉察到的人都愿意为之牺牲自己的利益。相反大多数人在改革触及自己的利益时，他们选择的不是“先天下之忧而忧”，而是“先天下之乐而乐”。

英宗在位仅仅四年就去世了，长子赵顼继承大统，是为宋神宗。

宋神宗继位的时候正是年轻有为，外有强敌屡屡犯境，内有一众公卿豪绅欺压百姓，让他感到内心窝火，很想改变现状。

对于国家被外敌入侵还要年年缴纳岁币的情况，他尤其不满，曾经在谈及宋太宗御驾亲征大辽却惨败而归的事情的时候说道：“太宗兵败于燕京城下，不仅嫔妃被北方蛮夷劫掠而去，自己的腿上也连中两箭，后来更是因为箭伤复发而去世，我们却要向敌人缴纳岁币，这难道是为人子孙应该做的吗？”

国力摆在那里，任由神宗如何不忿也无可奈何。他向大臣们请教如何能够改变现状，大臣们的回答不是整修军队发兵大辽，而是循序渐进，先维持稳定。

这种回答当然不符合神宗的期望。年少的神宗觉得，这是因为大臣们过惯了安逸的日子，不再想奋发图强了。

既然朝中大臣都是如此，那么他就只能从外面找人来帮助自己实现自强的愿望了。他想到了名气很大但当时还未进入权力枢纽的王安石。

王安石首先是一名合格的政治家，其次才是文学家。

他早就看出国家积贫积弱，迟早需要一场大的改革，但是他一点也不急着放手施为。在仁宗朝的时候，王安石就已经声名鹊起，曾经上《上仁宗皇帝言事书》，初步介绍了自己的变法理论和方案，但是当时仁宗皇帝并没有采纳。

他意识到时机还不成熟，所以一直在各地担任地方长官，不仅切实了解民情，积累了大量的实际经验，还多次拒绝了皇帝的征召，以政绩换取名望。

当然，现在我们去揣度王安石的种种做法是为了养名望获取舆论支持，是“以小人之心度君子之腹”了。但是当时的王安石甚至有“圣人再世”的称号，可见其名声之高已经几乎到了无以复加的地步。

神宗知道王安石是想变法的，而且王安石的名望才能也适合去主持变法这样的大事。

他将王安石召进宫中长谈好几次，王安石的许多政治见解都很合神宗的心意，两个人有些惺惺相惜的意思。

神宗完全被王安石说服。在酝酿了一年之后，熙宁二年（1069）二月，神宗任命王安石为参知政事，建立了一个制置三司条例司，总理国家的户部、度支和盐铁工作。

宋朝历史上影响最大的一次变法，终于轰轰烈烈地开始了。

巧的是，苏轼和苏辙兄弟二人也正是在这一年这一月回到朝廷的。很快，苏轼就官复原职，弟弟苏辙直接被派到了制置三司条例司工作。

苏轼对于变法的看法是很复杂的。他知道国家需要改变，也支持一些积极的改变。但同时，他对这场变法运动也感到了深深的不安。

正如朝堂上许多大臣们的感受一样，大宋需要改变，但是绝对经不起这样一场剧变。大宋就像是一艘巨大的帆船，需要翻修才能继续航行，否则早晚会沉没，但是如果直接将甲板都拆了来改装成新船，那可能新船还没造好，船就已经进水沉没了。

当时朝堂之动荡应该是北宋从未有过的。在任命王安石之初，朝中许多大臣就有不同的意见，吴奎认为王安石太过于刚愎自用，唐介认为王安石泥古不化，韩琦也认为王安石不宜担任宰相。

但是神宗根本听不进去这些意见，毅然决然支持王安石发动变法。韩琦、欧阳修等重臣在屡次劝谏不被接纳之后，选择了离开。

苏轼作为欧阳修的门生，和老一批的重臣们关系颇为亲密，再加上他自己也是对变法多有顾忌，所以于情于理他都站在了反变法派那一边。

熙宁三年（1070）五月，王安石准备改革科举制度。过去的科举制度的确存在很大的弊端，选拔出来的人才许多只懂诗词歌赋和“四书”“五经”，对于治理政事却一窍不通。所以王安石的新科举准备去掉诗赋和明经科，以考核经义策论来选拔人才。甚至他准备逐渐废除科举，兴办学校来为国家输送人才。

这些政策的确是针对科举制度的一些弊端来进行的改革，但是问题在于新的方案并不是所想的那样进步与完美。

当时王安石的这个建议不仅在朝堂引起了极大的争议，就连神宗都有些犹豫了。苏轼更清晰地看见，这一项举措在矫正原本科举制度的同时走向了另外一个更深的歧途。

于是，他写了一篇《议学校贡举状》，坚决反对王安石的科举改革。

苏轼写这篇文章并不是仅仅因为他是反变法派。在文章里，他有理有据地陈述了自己的意见。

首先，他认为道义无法作为选拔人才的标准，如果以道义来选拔人才，那么人人都成了作秀者，对于社会国家并没有任何实际的意义。

其次，他认为诗赋和策论都只是一个标准，策论并不比诗赋高明，对于政事来说，诗赋和策论都是没有用的东西。

再次，他认为策论具有更强的应试性，反而更加容易突击练习。这样一来选拔出来的人才也只是擅长于投机取巧临时突击学习的会考试的人而已。

最后，他讲出了从古至今通过考试选拔人才的根本原因。我们今天也有许多人觉得衡量一个人的能力的标准不应该是学习成绩，不能通过一纸文凭来认可或者否定一个人。诚然有些人的学习成绩不好但是具有非凡的能力，能够取得很高的成就。但从规律和概率上来说，学习成绩好的人绝对比学习成绩差的人更有可能取得成功。会读书考试的人并不一定是书呆子，相反他们往往都是学习能力强的人，而考试的意义也是衡量一个人的学习能力。只有具有很强的学习能力，才能够很快掌握处理政事的能力。

科举制度的目标也是如此，考什么其实不重要，重要的是筛选出学习能力更强的人。至于到底是不是拥有才干，将其放到职位上看他的政绩才知道。

苏轼的这一篇文章，不仅道理讲得很明白，逻辑清晰，论据充分，而且文采飞扬，让神宗看得赞叹不已。

问及左右，神宗得知苏轼是个少年天才，当初仁宗便对其褒奖有加，只是后来阴差阳错没能有机会重用。神宗也是爱才之人，当即召苏轼觐见。

当苏轼接到了神宗诏令的时候，他是有些紧张的，因为这短短几个月内，他就看到了不少人因为触犯了新法，阻碍了新法的实施而被外放甚至下狱。苏轼写的这篇文章，可以说是旗帜鲜明地反对新法，不知道积极支持新法的神宗看完是否会龙颜大怒，这一次召见是否是要斥责自己。

不过当苏轼见到神宗的时候，忐忑的心总算稍微平复了一些。神宗神情和蔼，不像是要怪罪自己的意思。

神宗先是关心了苏轼一番，然后诚恳问苏轼对于新法有什么看法，而且是让苏轼直言其错。

苏轼有些诚惶诚恐，尽管他早在来的路上就想到过，如果神宗问到类似的问题，自己应该怎么回答。

是昧着本心，改变态度去支持新法，还是坚持本心，向神宗进谏反对新法？

苏轼最后决定折中一下，毕竟新法已经势不可当，而且新法中也有一些是有利于国家和百姓的，他希望能够对其中一些急功近利和不妥之处进行改良，力求能够减小负面影响，于国于民更加有利。

于是苏轼恭敬回答道："我觉得以陛下您生而知之的智慧，

不担心您不明了，不担心您不勤劳，不担心您没有决断，只担心您希望国家大治的心太急切了，听从的建议太多了，提拔能人太快了。希望您能够镇定下来，等待时机，然后采取措施。”

都说苏轼满肚子不合时宜，其实只是苏轼不屑于迎合世俗而已，但是这一番话说得漂亮。这些话的内容其实许多大臣都对神宗讲过，但是远没有苏轼的话触动他。

神宗也开始反思自己这段时间以来，和王安石两个人为了变法虽然殚精竭虑，但也的确太急切了一些。这种改变国策的变法，怎么可能一两年就实现？自己还年轻，完全没有必要如此。

他对苏轼说：“你在馆阁里面，也要为我深思熟虑，不要有所隐瞒哪！”

苏轼听到神宗的鼓励之后大为开心，以为神宗真的能够听从自己的劝谏，那么新法的许多弊端也就可以避免了。

苏轼还是天真了些，尽管神宗对他的喜欢是真的，但这个青年皇帝心中更加渴望的，是尽快建立一番功业成为千古一帝，在青史上留下浓墨重彩的一笔。

第四章 得失之间：要朝朝暮暮，不要天长地久

第一节
水光潋滟晴方好

不同于北方的雄健豪放，南国的风光总是那么秀丽婉约，柔媚多姿。古往今来，“江南忆，最忆是杭州”。文人墨客的诗句里，都不乏对这座烟雨江南之城的美誉。山水秀丽，林壑幽深，华而不浮，落落大方。

杭州是中国文化中最精致的记忆，寄托着中国人诗意栖居的美好梦想。在很多人心里，杭州的生活是沏一壶龙井，赏湖光山色，品诗词歌赋，享诗意与闲情，但也很少有一个城市像杭州这样，能执着地保留着某段历史或某个名人的那么多印记。

西湖最为繁华的两条街道，一条名为东坡路，一条名为学士路（苏东坡曾任翰林大学士）。西湖十景之首的苏堤春晓，春日苏堤，莺飞草长，桃之夭夭，芳草萋萋，杨柳依依，极具东方美学风格；三面环山、一面临城的西子湖，湖中孤山峙立、三堤纵横，将西湖分隔几片，波光潋滟，明媚秀丽；被誉为“西湖第一胜境”的三潭印月，湖中有岛，岛中有湖，园中有园，曲回多变，步移景新，岸上金桂婆娑，绿树掩映、花木扶疏，与雕栏画栋的建筑相映成趣，富于空间层次变化……而这一处处秀丽清幽的景色的成形和美名远播，都与苏轼有着千丝万缕的联系。

苏轼还朝受命。此时的朝堂之上，已不再是他初入时的平和世界，繁荣之后处处隐藏着危机。朝野已是旧雨凋零，新风日盛，而尚未经历过腥风血雨政治危机的苏轼也许还未意识到，他此后的风雨仕途路已在这次朝堂危机中悄然开始。

满载报国热情的苏轼先后作《拟进士对御试策》和《上神宗皇帝书》，反对王安石变法中的流弊，认为新法不能便民。并且，事实上，苏轼终其一生都未能接纳王安石等变法派的做法。苏轼这样做的结果也毫无意外，让他如那些被迫离京的师友一样，不容于朝廷。苏轼上疏反对新法之后，便遭到政敌的攻讦和陷害，深感处境之困难。

熙宁四年（1071），苏轼自求外放，时年三十五岁的他带着失意的悲凉被迫离开都城汴京，远离政治斗争旋涡，远赴杭州担任通判。而此次的杭州之行，却也开启了苏轼余生与杭州的不解情缘。

远离了朝堂的尔虞我诈和刀光剑影，苏轼携带家眷，千里迢迢赶往杭州。一路上杭州的湖光山色、清风池馆，也使一家人纠结的心情舒展了许多。

苏轼杭州赴任途经镇江时，正好路过城外长江中的金山寺，便拜访了宝觉、圆通二位禅师。二者盛情款待了苏轼。时至傍晚，因盛情难却，苏轼留宿在寺中，半夜得以观赏江上夜景，不由得浮想联翩，写下了《游金山寺》：

我家江水初发源，宦游直送江入海。
闻道潮头一丈高，天寒尚有沙痕在。
中泠南畔石盘陀，古来出没随涛波。
试登绝顶望乡国，江南江北青山多。
羁愁畏晚寻归楫，山僧苦留看落日。
微风万顷靴文细，断霞半空鱼尾赤。
是时江月初生魄，二更月落天深黑。
江心似有炬火明，飞焰照山栖乌惊。
怅然归卧心莫识，非鬼非人竟何物？
江山如此不归山，江神见怪惊我顽。
我谢江神岂得已，有田不归如江水。

面对这自然天成的美景，苏轼不禁想到了自己曾经的风华正茂和踌躇满志，因为自己的耿直性格，不肯与世俗妥协，屡遭挫折，到如今仕宦生涯潮涨潮落、浮沉不定，苏轼心里充满了不平与愤懑。

人越是失意之时，越容易想家，越想归隐田园，但天生就是乐观派的苏轼是一个不寻常的存在。即使宦海浮沉，仕途挣扎，欲进不得，欲罢不能，苏轼最后也还是顽皮地向江神解释道，他不辞官归田的原因，是家中实在是没有田产而不能归隐哪！

这么可爱的一个人注定不会把生活过成一摊死水。熙宁四年（1071）夏末秋初，苏轼携家人路过陈州之时，拜谒了世交张方平并看望了自己的弟弟苏辙。

苏轼对弟弟苏辙还是比较放心的，苏辙不似自己耿介倔强的性格，他待人以温润、处事知方圆，能很好地保护自己不受伤害。想到没有因为自己而使弟弟太受牵连，苏轼内心感到了些许慰藉。虽然当初也受了王安石的排挤，弟弟苏辙被神宗任命为淮阳州学教授，却正好与方平兄能够相互照应。因此，苏辙的日子过得还比较安静祥和。

去探望弟弟苏辙之前，温柔贤惠的妻子已经准备好了衣服和吃食。这次从京城外调，苏轼、苏辙两兄弟的经济状况已然不同往日。苏轼的长子苏迈已满十二岁，次子苏迨尚在襁褓之中，日子过得尚且可以；而弟弟苏辙的日子就有点难了。苏轼曾经感叹苏辙："森然有六女，包裹布与荆。无忧赖贤妇，藜藿等大烹。"苏轼去看望他时，苏辙已有三男六女围绕膝下了，多亏弟媳贤惠，虽然布衣蔬食，但苏辙生性达观，纵然明日无晨炊，也依然倒床作雷鸣。

弟弟的困窘让苏轼牵挂不已。临行之前，苏轼又特意让妻子多备了一些吃食和玩具。一别数月，再见时兄弟俩难免心中感慨万千。倒是妯娌二人和孩子们一见面，兴奋了不少，苏轼的续妻王闰之和苏辙的妻子史氏本都是大家闺秀，在陪伴夫君的几年宦海生涯中也都沉淀练达了许多。孩子们带着玩具和吃食跑出去玩了，两位夫人也说说笑笑地开始准备饭菜，苏轼和苏辙则出来在附近信步散心。

接受了几十年家国天下、民本思想的深刻熏陶，苏轼和苏辙即使身处陋室，依旧放不下朝堂之事。苏轼本就心直口快，眼见不平事，总是如鲠在喉，不吐不快。一路上谈论到朝堂之事，苏轼紧握拳头，无不愤懑地感叹如今朝堂之上也只由着他王安石一人翻云覆雨了，百姓却尽是流离失所，日子过得苦不堪言，真不知王安石为何如此急功近利，究竟要惹出来多大的事情，才能清醒。苏辙听之也只能无奈地劝说哥哥苏轼，毕竟朝廷如此行事已持续了几年，眼下是很难改变现状……

可是，还未等苏辙说完，苏轼早已气急地将拳头砸向了旁边的柳树桩，引得路边走过的人纷纷侧目。苏辙赶紧拉住哥哥，用手禁唇，示意哥哥不要再说了。

比起心无城府的苏轼，苏辙要沉稳持重得多。他深知哥哥秉性“其于人，见善称之如恐不及，见不善斥之如恐不尽，见义勇于敢为，而不顾其害。用此数困于世，然终不以为恨”。他尊重并努力维护苏轼的赤子之心，但也不忘时时劝诫，他也只能先以这种方式保护着哥哥。

苏轼又何尝不知道祸从口出，他也明白弟弟对自己的维护和担心，怎奈生性如此的他注定要遗世而独立了。不谈国家大事，转而兄弟俩开始聊起了最近各自的生活，弟弟虽然调任陈州做州学教授，但陈州这个地方对教育不甚重视，弟弟的日子过得也清苦。

苏辙本来身材就比较高大，如今住在低矮的茅舍里，视觉上形成了鲜明的对比。苏轼心疼弟弟，弟弟却是毫不在意，怡然自得，引得苏轼打趣起了苏辙，“宛丘先生长如丘，宛丘学舍小如舟。常时低头诵经史，忽然欠伸屋打头。斜风吹帷雨注面，先生不愧旁人羞”。

打趣了弟弟，想想自己也没好到哪里，他因而又自嘲道：“余杭别驾无功劳，画堂五丈容旂旄。重楼跨空雨声远，屋多人少风骚骚。平生所惭今不耻，坐对疲氓更鞭箠。道逢阳虎呼与言，心知其非口诺唯。居高忘下真何益，气节消缩今无几。文章小技安足程，先生别驾旧齐名。如今衰老俱无用，付与时人分重轻。”苏辙听完哈哈大笑起来，不愧是自己的哥哥，自我排解的能力就是异于常人。

春日苦短，夕阳西下，天渐渐暗了下来，伴随着拂面春风，兄弟俩的心情也阴转晴了，想想快到饭点了，兄弟俩谈笑风生地回了家，纵然官场失意，也不能辜负了一家人的其乐融融。

苏轼和妻儿在弟弟家里小住了数日，其间也多次找张方平出城划舟赏景，把酒言欢。即将来临的初夏，暖风洋洋，小荷露角，蜻蜓立头，一切都是生气勃勃的样子，这充满朝气的相伴时光也给他们带来了丝丝温暖。

过了中秋以后，兄弟俩又相互做伴去探望了恩师欧阳修先生，欧阳修对两位高足的到来十分欣喜。师生三人天天相对，评古论今。此时的他们可以畅所欲言，无所畏惧，针砭时弊，侃侃而谈，这为失意的日子增添了一抹阳光。

不过，快乐的日子总是一晃而过，转眼间又到离别时，三人依依惜别后，各自回归到了现实生活。

告别恩师，离开爱弟，苏轼回到了杭州。

“上有天堂，下有苏杭”，北宋时的杭州凭借独特的地理位置，早已成为繁华富庶之地，宋仁宗都曾不吝赞誉杭州为“地有湖山美，东南第一州”，杭州经济的繁荣也造就了杭州风土人情的大气、多元与开化。这正好与苏轼的性情完美契合。

在这里，苏轼与当地人相处融洽，度过了他这一生最快活的日子。远离京城和斗争，能够过“天高皇帝远”的自在生活，苏轼轻松愉悦的心情也自然流露，“未成小隐聊中隐，可得长闲胜暂闲。我本无家更安往，故乡无此好湖山”。这是他初到杭州就留下的心情写照，也是这温山软水的南国杭州，成为他的“第二故乡”。

南国杭州真是人间天堂，除去那些巧夺天工的自然美景，杭州的人文景观也颇令苏轼动容。

这里青楼林立、寺院荟萃，名妓、名僧也不胜枚举，他们浑身散发着南方人特有的诗意与禅意。苏轼喜欢他们的恣意洒脱，而他们也喜欢苏轼这位年轻的大文豪，喜欢他的朝气蓬勃、潇洒神韵和他那不拘小节的广阔胸襟。

在杭州的日子里，苏轼身旁常有名妓、名僧陪伴，用苏轼自己的话说就是“惯眠处士云庵里，倦醉佳人锦瑟旁”。

苏轼作为杭州通判，相当于杭州府的二把手，自然少不了各级官员和地方名流的热情追捧。而官场酒宴之上，自然也少不了风花雪月。自古佳人爱才子，更何况是苏轼这样风流倜傥、才华横溢的大才子。初入杭州，苏轼即成C位。

不过，对于这些风月场中的女子，苏轼更多的是怜惜和同情，无关身份地位。遇到想从良的歌伎，他也是不遗余力地帮她们去籍开脱。并且，他还特此作了一篇《薄命佳人》来表达自己的心迹：

> 双颊凝酥发抹漆，眼光入帘珠的皪。
> 故将白练作仙衣，不许红膏污天质。
> 吴音娇软带儿痴，无限闲愁总未知。
> 自古佳人多命薄，闭门春尽杨花落。

苏轼到任不久，就有两名官妓申请脱籍为良。一名官妓名号“九尾野狐”，因无所阻碍，苏轼批复“任良从便”；而另一名官妓周韶，却是杭州知府陈襄十分喜爱的，周韶色艺皆为一冠，更精于茶技，曾多次和精于品茶的大书法家蔡襄斗茶，每次都使蔡襄甘拜下风。对于这样一位“清水出芙蓉”的女子，即使苏轼自己十分欣赏，有心帮她脱籍，也不能越过知府贸然行事，于是对周韶的批语即为“慕周南之化，此意诚可嘉。空冀北之群，所请宜不允”。周韶也知苏轼难处，只能另寻时机。苏轼也并未放弃，不久之后，金华太守苏颂来杭做客，苏轼事先与周韶商议，由周韶在宴席上再次提出从良要求。

宴席上，周韶有服在身，一身白衣裙罗更显妩媚，一曲舞毕，周韶提出了请求从良，金华太守苏颂指着笼中的白鹦鹉说：“可作一绝。”于是周韶提笔写诗，“陇上巢空岁月惊，忍看回首自梳翎。开笼若放雪衣女，长念观音般若经”。以白衣飘飘的自己自比笼中鹦鹉，表达自己从良的渴望和祈求被恩准的感念，宴上宾客齐声喝彩，此时苏轼也趁机进言说，周韶母亲刚过世，她身穿白衣是因为正在居丧期间。

听到此话，周韶眼圈一红，立刻眼泪盈盈。此情此景让陈襄动了恻隐之心，同时也不便拂了苏颂的面子，因此批准了周韶脱籍的请求。

周韶脱籍之后，陈襄时常后悔，苏轼也心怀歉意，因此第二年出差外地时，特地写了五首诗送给陈襄，其中在常润道中写下的第二首“草长江南莺乱飞，年来事事与心违。花开后院还空落，燕入华堂怪未归。世上功名何日是，樽前点检几人非。去年柳絮飞时节，记得金笼放雪衣”。以“世上功名”来称赞劝慰陈襄的心，此外还特地加上了一句“杭人以放鸽为太守寿”蜜了陈襄的心，陈襄看了之后也舒心了不少。

这出苏轼导演的戏，除了有他对周韶的怜香惜玉外，更多的是他对生命价值的体悟，对生命主体自由选择权利的尊重，对人本思想的践行。为了让生命更美丽，他千方百计而为之，时隔千年，我们也能感受到这生命的光辉。

来杭数月，杭州的花草山水、才子佳人，同僚们的尊敬与礼遇，都让这里成了苏轼心底深处最温柔的地方，这里就是他的人间天堂。

熙宁六年（1073）冬，苏轼因公派到常、润、苏、秀等州赈济灾民，一走数月，直到第二年入夏之后才得以回到杭州。独身在外的日子里，他无时无刻不怀恋着杭州及其家小：

少年游·润州作代人寄远

去年相送，余杭门外，飞雪似杨花。今年春尽，杨花似雪，犹不见还家。

对酒卷帘邀明月，风露透窗纱。恰似姮娥怜双燕，分明照、画梁斜。

离别时“飞雪似杨花”，是冬天；而如今“杨花似雪”，是春末。雪花与杨花，似是来时，却已隔年，这是他离开杭州最长的一次，眷恋之情也更为深切。

杭州与苏轼的相遇，仿佛就是注定的缘分，杭州的美丽激发了苏轼的灵感，杭州的温柔浸润了他的心神，苏轼也用他手中的笔和心中的光点亮了杭州风景人文的绚烂与绵长。

第二节
从前月光很慢

如梦似幻的年轮里，纵然岁月微凉，但那些美妙的时光仍足以令生命充盈。在杭州经历的点点滴滴，对于苏轼来说均是上天的馈赠。前期的官场沉浮使苏轼本欲起身离去，奈何影子落人间，终是要与杭州的景与人相逢今生。

杭州官员的公馆位于凤凰山顶，向南望去可见烟波浩渺的钱塘江，江上白帆出海，若隐若现，宛如仙境；公馆的北面即为苏轼的官邸，可俯瞰整个西湖，近处是湖面如镜，游船点点，远处是山色空蒙，青黛含翠。凤凰山下，夹于西湖和钱塘江湾中间，自北而南的，正是杭州城，城外高墙环绕，河道井然，桥梁通行，美不可言。

虽然太府的官衙位于杭州中心，繁华异常，但苏轼总是另辟蹊径，喜欢在闲雅诗意的地方开始一天的工作，风景怡人的寿星院才是苏轼的常驻办公地。

空幽的早晨，鸟唱虫鸣，阵阵花香。没有特别事务的话，苏轼会趁机闲庭信步来到寒碧轩或雨奇堂（雨奇堂即从苏东坡的诗篇“山色空蒙雨亦奇”而得名），看看公文，练练书法，享受一天的静谧时光。

在杭州的日子里，苏轼最喜欢临水写字。写字即为写心。苏轼练字时不拘泥一处，随心而动，随意下笔。落入宣纸之字看似平实、朴素，但有一股汪洋浩荡的气息，就像他渊厚的学问一样，神龙变化不可测。

有时，一旁经过的妻子会好奇地过来观摩一下，忍不住感叹：一般人练字时都正襟危坐，从不见似苏轼这般洒脱无拘束的。

苏轼则笑言：“为夫的作字之法，识浅见狭学不足，三者终不能尽妙，我则心目手俱得之矣。”倏而又道：“我书意造本无法，点画信手烦推求。”妻子听后，也就浅笑不语了。

儿子苏迈很愿意和父亲一起练字。彼时的苏迈已有十二岁，父亲尽情挥洒练字时，小苏迈就站在一旁，有时替父亲研墨，有时帮父亲抻纸，小小的手划过纸墨，别有一番童趣。

苏轼也很喜欢儿子陪着他，有时会握着儿子的小手亲自教他练字。刚开始，苏迈写出的字总是歪七扭八，像毛毛虫一样，有时还会因为不熟练将笔尖墨水点到鼻尖、脸上，每到此时，父子俩都会哈哈大笑，这是他们独有的亲子时光。

长大后的苏迈时常回忆起儿时同父亲学写字的情景，也总是觉得温馨而幸福，这也使得苏迈同自己的叔叔一样理解自己父亲的书法“岂以书自名哉，特以其至大至刚之气，发于胸中而应之以手，故不见其有刻画妩媚之态，而端乎章甫，若有不可犯之色”。

时光在静静流淌，苏轼的办公地点也在不断向外延伸，有时是离杭州城十里或十五里以外的深山冷亭之中，有时竟将办公桌直接搬到游人如织的西湖边上。

据《梁溪漫志》记载：“至冷泉亭外，则据案判决，落笔如风雨，分争辩讼，谈笑而办。”伴着杭州城的湖光山色或西湖的烟波浩渺之气，苏轼谈笑间就将一天的公事办完了。落日余晖中，他骑马回家，街道旁总是拥簇着想一睹大名鼎鼎的苏才子仪表的民众。

“居庙堂之高则忧其民”，一代一代的士大夫都在践行着自己的政治抱负，心怀家国天下的苏轼更是如此。他深知自己此行虽为杭州通判，却也是协助知州掌管一方水土、造福一方百姓的。

幸运的是苏轼与知州陈襄一见如故，二人配合默契。

苏轼第一次来杭州任通判之职时，恰逢供给市民饮水的六井年久失修，不能供水了。杭州原本是钱塘江潮水冲击成的一块陆地，当初水质苦涩，难以下咽，唐朝的李泌担任杭州刺史时，曾经建造六口大井，分布在城区各处，引西湖淡水供全城饮用，后来白居易担任刺史，进一步治理西湖，疏浚六井。然而随着年岁渐久，六井也慢慢淤塞废置，饮水又一次成为杭州人的生活难题。

于是熙宁五年（1072）秋天，苏轼和知州陈襄共同研究探索畅通六井的方案，他们找来两位精通水利的僧人主持修复六井，通过挖沟、换井壁、修补漏洞等措施，实地考察、挖沟换砖、修补罅漏，终于使六口大井重新焕发生机，解决了杭州人民吃水的问题。

苏轼也在《钱塘六井记》中明确记载了此事："熙宁五年秋，太守陈公述古始至，问民之所病。皆曰：'六井不治，民不给于水。南井沟庳而井高，水行地中，率常不应。'公曰：'嘻，甚矣，吾在此，可使民求水而不得乎！'乃命僧仲文、子圭办其事。于是发沟易甃，完缉罅漏，而相国之水大至，坎满溢流，南注于河，千艘更载，瞬息百斛。"此次修复六井，不仅解决了杭州民众的饮用水问题，还畅通了河道，促进了苏杭航运的发展。

至情至性的苏轼，在办案时也总能兼顾法理与人情。一日，苏轼正在批阅公文，突然衙役带来了两个诉讼之人，苏轼接过案子后捋了捋思绪，搞清了案子的来龙去脉：

原告为绸缎商，被告为扇子商。因被告扇子商曾经向原告绸缎商借了大约价值两万钱的绸缎用来做扇子，约定还钱的时间到了，但扇子商并没有还钱，于是绸缎商将扇子商告上衙门。

再经细细盘问得知，扇子商最近由于父亲去世，花了一大笔钱进行安葬，再加上虽然夏天到了，但总是在下雨，天气凉爽导致做出的扇子一直卖不出去，所以无法如期还钱。

这让案子一下子陷入了两难：若判扇商限期还钱，无疑会逼得他家破人亡；可若不判给绸缎商公正，绸缎商一家人也将无法正常生活。

苏轼思来想去，想出一个两全其美的办法。苏轼给扇子商说要帮他卖扇子还钱，吩咐扇子商回家取二十把扇子来。扇子取来，苏轼拿起判笔，在扇子上画上石头，画上枯木，画上竹子，画上兰花，不一会儿，二十把扇面上就都有了精美的图案。苏轼嘱咐扇子商将扇子拿到家门外，一把扇子至少能卖一千钱。果不其然，扇子商拿出一卖，此时哪里还是在卖扇子，分明是众人在抢扇子，很快两万钱就凑齐了，欠款终于还上了。

与那些只会使用严峻刑法的酷吏相比，苏轼判案看着似乎有点儿以情代法，但恰恰是他的做法反映出他深切地关怀民生疾苦、为百姓根本利益着想的为官之道，在他身上，永远闪耀着鲜明的人文气息和艺术气质。

在陈襄和苏轼的治理下，杭州繁华大都会的地位越发稳定，风景秀丽，商业发达，笙歌阵阵，热闹富庶。会生活的苏轼总是将工作与生活安排得妥妥帖帖，日常公务件件细化，业余生活丰富多彩。

来杭州生活了这么久，看到夫人和孩子也很快融入了，苏轼很是安心。白日他忙于工作应酬，夜幕降临后才是自己和家人的独处时光。

苏轼家住杭州中心的山顶，出门下山便是街道纵横，商店林立，特别是夜市开始之后，灯火辉煌，人声鼎沸，哪怕只是在家里向下俯视，也已经是莫大的享受。

杭州的夜市总要到凌晨两三点才收市，夜市中酒楼、茶社、歌馆、妓院、勾栏瓦肆以及小吃摊、小商品零售一应俱全，夜市开始之后，售卖细画绢扇、黄草帐子、异巧香袋儿、木樨香数珠、五彩花灯和剪纸花样、五色花钱等各种玩物的商家的叫卖声此起彼伏，售卖风味各异的南北小吃的也不甘落后，街摊上、商铺前挤满了购物的人流，大人走着买着，孩子笑着闹着，浓浓的人间烟火气息扑面而来。

苏夫人最爱带着孩子逛夜市，苏轼便也常常陪着家人出来逛逛。夜市的各类小吃极大满足了苏轼的味蕾，让苏轼在吃货的路上渐行渐远。

闲来无事之时，苏轼也爱逛杭州市井小吃，因此，他与杭州的饮食文化也颇有渊源。久负盛名的“东坡肉”就是一大证明。苏轼在杭州任职期间，主持疏浚西湖、修建湖堤，使四周田地旱涝不愁。得知苏太守爱好杭州的猪肉后，心怀感激的杭州百姓抬着猪、担着酒送给了苏轼。

而苏轼为了犒劳筑堤的民工，就将送来的酒肉交给厨工，并批了“酒肉一起送”的条子，哪知被厨工误看成“酒肉一起烧”。美酒将猪肉烧得红香酥烂，液汁鲜美，肉感滑嫩，将猪肉用酒烧好送往了工地。百姓为了感念苏轼的功绩，就把这种肉取名为东坡肉。

不仅杭州百姓用苏轼的名号给美食命名，苏轼也爱给杭州的无名小吃起名。

一次，苏轼和游伴去吴山游玩，行至半途，腹中饥饿。正值一位大嫂在卖点心。苏轼买了一块并询问这种点心叫什么名字，大嫂答并无名字。苏东坡见点心一层层、一丝丝，很像蓑衣，说就叫蓑衣饼吧。

大嫂大概是把四川口音的蓑衣饼听成了酥油饼，从此吴山酥油饼就流传开了，并成为杭州的著名小吃。尝着这酥油饼味道不错，苏轼就多买了一些想着带回家中给妻儿也尝一下。这也已经成为他的习惯，每次如果是自己出去游玩，途中遇到好吃好玩的东西都会给家中人带上一些。他很细心，夫人爱吃什么，孩子想要什么，如若出门都会尽力去找。每见此景，一起的游伴总会打趣他与妻儿感情之亲密深厚，真的是羡煞旁人。

杭州不仅有繁华热闹的一面，也有隐匿湖山的古刹高僧。

苏轼自小就颇具佛缘，苏轼的母亲程氏便是一个虔诚的佛教徒。嫁入苏家之后，苏轼的母亲把佛教理念和礼佛习惯也带入了苏家，并在苏家扎根延续。苏家藏有十六罗汉像，苏母每日都要摆设贡品，诚心礼佛。

信佛之人往往也心地纯良。苏轼小时候，家里的庭院竹柏丛生，杂花满树，引来许多鸟雀栖息和筑巢，苏母禁止家人捕鸟取卵，因此，苏家的鸟儿越来越多，巢越筑越低，引得苏轼和他的小伙伴们直接在一旁围观投食。而父亲苏洵也喜爱与名僧交游，曾经在老家捐钱塑菩萨像，苏轼的家庭充满了浓厚的佛教氛围。苏轼在这样的家庭中耳濡目染，所以少年时代就开始阅读佛书。

后来，随着生活阅历的丰富，他愈加体会到生命的无常，对佛学的兴趣也就日益浓厚。而正是苏轼精研佛学，热衷参禅，才加深了他与杭州众多佛门之人的缘分。

杭州的寺院得天独厚，南朝四百八十寺，一半名寺在苏杭。

杭州寺庙多，名僧也多。杭州出名的寺院不胜枚举，灵隐寺、净慈寺、圣山寺、法喜寺、孤山智果寺、凤凰寺、韬光寺等，终年香火鼎盛，更是孕育了多位名僧潜士。

与名僧潜士相交，打开了苏轼生活的另一扇门，在杭州任职短短几年，他结识的吴越高僧竟已大半，连他自己都感叹："默念吴越多名僧，与予善者常十九。"

上次与恩师欧阳修相聚之时，恩师就向苏轼推荐了名僧惠勤："西湖僧惠勤甚文，而长于诗，子闲于民事，求人于湖山间而不可得，则往从勤乎。"

此外，寺中还有另一位著名的诗僧惠思。

于是，苏轼初到杭州，稍稍安顿下来就起程前去拜访两位高僧。欧阳修与惠勤、惠思已交往三十余年，苏轼与高僧参禅之后，更觉相见恨晚，相谈甚欢。

时年三十六岁的苏轼因此有所感悟："年来渐识幽居味，思与高人对榻论。"并且还写下了《腊日游孤山访惠勤、惠思二僧》一诗。

惠勤、惠思是苏轼在杭州最早结识的两位名僧，之后，苏轼的交僧之路更是一发不可收。

一日，苏轼前往西湖北山葛岭宝严院游玩，于僧舍壁间见一小诗："竹暗不通日，泉声落如雨。春风自有斯，桃李乱深坞。"

苏轼见此诗颇为清新，于是打听作者何人，一沙弥回道是清顺大师所作，苏轼就马上拜访了清顺大师，二人一见如故，很快成了朋友，此后多年，二人交游唱和，往来不绝。

苏轼与梵天寺寺僧守诠的交往也是趣味横生。二人交往初始便有过一段和诗的佳话。守诠是个不拘一格的自在僧人，经常放任自我，游山玩水，“佯狂垢污”，所以常被称作狂僧在世，但他诗写得很好，诗句清婉，大有山野林泉之气。某日，守诠诗兴大发，提笔挥毫就在梵天寺的墙壁上写下了一首禅诗：“落日寒蝉鸣，独归林下寺。柴扉夜未掩，片月随行履。惟闻犬吠声，又入青萝去。”

熙宁五年（1072）秋，苏轼到访梵天寺，正好撞见壁间的这首诗，读后只觉“清婉可爱”，令人叹服。苏轼一时技痒，也是为了应和守诠的诗才与意趣，援笔作和诗云：“但闻烟外钟，不见烟中寺。幽人行未已，草露湿芒履。惟应山头月，夜夜照来去。”

两首小诗清远幽深，意趣相投，成为梵天寺人文之美的历史见证，也让苏轼和这位寺院文坛的翘楚成为莫逆之交。

而苏轼与慧觉禅师的结缘则是因为一篇竹诗。苏轼在杭州任职期间，江南的寺院中大多都爱种植竹子，竹子不仅给寺院带来了清雅，还带来了诗意。苏轼亦素是爱竹之人。

熙宁六年（1073）春的一天，苏轼从富阳新登，取道浮云岭，进入杭州管辖的於潜县走访视察，於潜县县令刁铸与苏轼是同榜进士，交情甚笃。刁铸热情招待了苏轼，因深知苏轼佛性，就将苏轼安排在了寂照寺的绿筠轩中入住。

一日，在寂照寺出家的於潜僧慧觉禅师拜见苏轼，与他一起谈佛论经，苏轼博学多才，谙熟佛学，使慧觉十分钦佩。

两人在绿筠轩临窗远眺，窗外微风轻拂，寺院中的竹子沙沙作响，懒散的阳光洒满寺院，处处都是幽幽浮动的竹影，满目的茂林修竹、苍翠欲滴，让人心生荡漾。

苏轼不禁连连叫绝，慧觉禅师见此，知苏轼已被眼前绿竹景色所迷倒，就故意逗道："苏学士，房前屋后栽几株竹子，我们於潜自古以来如此，不过点缀一下而已。"苏轼笑着摆摆手道："此言差矣，门前种竹绝非点缀而已，此乃高雅心神之所寄。我这儿有一首好诗赠予你。"

于是，他即兴挥毫写下了流传后世的《於潜僧绿筠轩》一诗：

可使食无肉，不可居无竹。
无肉令人瘦，无竹令人俗。
人瘦尚可肥，俗士不可医。
旁人笑此言，似高还似痴。
若对此君仍大嚼，世间那有扬州鹤？

惠觉听后拍手称奇，寥寥数语，富哲理，有情韵，表面看是平平无奇，却暗颂於潜僧惠觉超然不俗，夸赞之意更是不留痕迹，更显得苏轼与高僧神交的智慧。

偶尔，不想与人为伴时，苏轼也会独自一人穿山越岭，入寺参禅，焚一炉清香，捧一壶山泉或者紫笋名茶，静听山林轻籁，黄昏时在松间竹畔间漫步，夜深人静时，与一二知己相偕于石桥之上，清谈佛理禅心。

这样清净的体验，也让苏轼的凡尘之心得到了净化与放空。

时光流转，过往皆褪去。苏轼以他的方式，在杭州点点滴滴地刻画了他的骄傲和功绩。在这里，他主政杭州，造福百姓；结交挚友，成长同行；广结佛缘，修身养性；体恤百姓，民本为先。

生命的长度谁也无法控制，苏轼却在杭州极大地拓展了生命的宽度和深度，增加了生命的厚度与广度。时隔千年，他依旧是杭州百姓心中仰慕的白月光。

第三节
现实与豁达的撕扯

时光抹不去青春的年华，岁月掩盖不了梦想的光芒。一段路程一段梦，一梦两三年，回首四五暮。

在最美的年华，与杭州相遇，恰似波光流动于潋滟的湖水，月色倾城。苏轼来杭州之后，经历的乐事太多太多，繁华如画，曲院风荷，他对人生了解得太透彻，也对生活很珍惜，更懂得诗酒趁年华。

苏轼在杭州任判官期间，上有陈襄主政，公务不算过于繁重，但判官的职责令他颇为不喜。

苏轼任职正是王安石变法新政全面开展之时，新法从国家利益出发，以富国强兵为目标，不可避免地需要扩大对下层人民的盘剥。而这一弊端又因为官僚机构的腐败，在实际推行过程中变本加厉。

因此，监狱里关押的多是违犯王安石变法的良民，他们被打得皮开肉绽。苏轼也反对这些法条，但那是法律，他无权更改。亲眼看到百姓在天灾和新政夹击下的生活惨状，他的心情更加悲愤、苦闷和压抑，但又无可奈何，只能在力所能及保全百姓的同时，寄情山水以解胸中愤懑，而山清水秀的绝佳处，杭州城处处皆是。

杭州的美景是人与自然的完美融合，虽有人工的痕迹，却也与自然浑然一体，让人心旷神怡。待华灯初上，远处黛色的山峦绵延起伏，那万家灯火的辉煌在夜的迷离中依稀阑珊。滟滟微波的西湖更是苏轼的最爱。

熙宁五年（1072）六月末，苏轼在忙完公务后与友人泛舟西湖上，寻得片刻清闲。

当大家在游船上微醺半醉之时，恰逢遇上了夏日阵雨，随着隆隆的轰鸣声，漫天乌云压船低。苏轼兴奋地从船头跑到船尾，欣赏着奇妙的湖光山色，船夫急急地将船摇向了不远处的望湖楼。

此时的苏轼诗兴大发，于是就有了《六月二十七日望湖楼醉书》五首：

黑云翻墨未遮山，白雨跳珠乱入船。
卷地风来忽吹散，望湖楼下水如天。

放生鱼鳖逐人来，无主荷花到处开。
水枕能令山俯仰，风船解与月裴回。

乌菱白芡不论钱，乱系青菰裹绿盘。

忽忆尝新会灵观，滞留江海得加餐。

献花游女木兰桡，细雨斜风湿翠翘。
无限芳洲生杜若，吴儿不识楚辞招。

未成小隐聊中隐，可得长闲胜暂闲。
我本无家更安往，故乡无此好湖山。

赏湖赏雨中的苏轼醉于酒，更醉于山水之美，进而激情澎湃，才赋成即景佳作，最后更是以“中隐”“闲官”聊以自慰，做不到隐居山林，暂时先做个闲官吧，这样也能得到暂时的悠闲与放松。

杭州的水有灵，山有魂。头上枕着的是钱塘江，怀里抱着的是西子湖，延伸开去，有运河、西溪、九溪、玉泉……四周环绕的西湖群山，连绵数里，参差错落，与水相伴，清奇秀丽，有宝石山、孤山、吴山、凤凰山……这西湖群山，尽显帝王清秀之气，铸就了千百年来杭州人的大气、雅致与洒脱。如此山清水秀也出美人。

也就是在秀美的凤凰山下，苏轼遇见了自己的红颜知己王朝云。王朝云是在随后的日子里与苏轼相伴终生的人，也是苏轼日后被贬惠州后的主要伴侣和精神支柱，是她的甘受清苦与贫贱，陪伴苏轼度过了那段贬谪之后漫长的艰难岁月，当然，这已是后话。

熙宁六年（1073）二月的一日，苏轼与几位文友同游西湖，宴饮时邀请了王朝云所在的歌舞班前来助兴，丝竹声悠扬清远，舞女们浓妆艳抹，长袖徐舒，轻盈曼舞，而舞在中央的王朝云展示了优美的舞姿和高超的舞技，特别引人注目。

舞罢，众舞女入座侍酒，王朝云恰转到苏东坡身边。这时的王朝云已换了另一种装束：洗净浓妆，黛眉轻扫，朱唇微点，一身素净衣裙，楚楚可人，别有一番韵致。此时，本是丽阳普照、波光潋滟的西湖，由于天气突变，阴云蔽日，山水迷蒙，成了另一种景色。湖山佳人，相映成趣，苏东坡灵感顿至，挥毫写下了传诵千古的《饮湖上初晴后雨二首（其一）》：

水光潋滟晴方好，山色空蒙雨亦奇。
欲把西湖比西子，淡妆浓抹总相宜。

此诗明为描写西湖旖旎风光，而实际上寄寓了苏东坡初遇王朝云时为之心动的感受。本是惊鸿一瞥，不承想日后情根深种。而这一首诗，也成了苏轼为西湖代言的佳作。

千年后的林语堂先生曾对苏东坡的这首西湖诗词，留下了一段绝妙的评论：“西湖的诗情画意，非苏东坡的诗思不足以极其妙；苏东坡的诗意，非遇西湖的诗情画意不足以尽其才。”不得不说真是由于有了这千古奇才与绝色美景的结合，才使得西湖有了情景双绝，驰名中外。

自那次游船上初见朝云，苏轼总会不经意间忆起她的模样。他自问身边从不缺色艺双绝的佳人陪伴，但如朝云一般虽混迹烟尘之中，却独具一种清新洁雅的气质之人，实未遇到。她仿佛一股空谷幽兰的清香，沁入苏轼因世事变迁而寂寞的心。

有了牵挂的苏轼常游西湖山水，他潜意识里还是期盼着能与朝云再次相见。也许是天意，又一个雨霁初晴的午后，苏轼与好友张先同游凤凰山。雨后洗涤过的空气格外清新，包裹着泥土花草的清香，弥漫了整个古城。

傍晚时分，一抹晚霞装点着雨后初晴的天空，透过如纱薄云的缝隙，斜阳的余晖铺满大地，路上行人三五成群。远处的凤凰山峦云雾缭绕，近处的西湖如玉带环绕古城，整个画面犹如一幅清凉如仙、如诗、如画的梦境，景不醉人人自醉。

如此良辰美景，张先笑着打趣称如此美景，却无佳人陪伴左右，唯有他苏轼陪着自己这个老叟，可真是可惜呀可惜。正说着，远处江边缓缓飘来阵阵筝声，筝声缠绵悲切，如桥下潺潺的流水，如孤鸿飞过时的几声清啼，更如女子的哀婉叹息。

两个人不约而同地望向筝声传来的地方，只见湖心有一彩舟渐近，舟头中一窈窕女子风韵娴雅，正在鼓筝，那女子身影似曾相识，再细看，真是朝云，苏轼顿时心头涌动，笑着作了这首《江神子·湖上与张先同赋》：

凤凰山下雨初晴。水风清，晚霞明。一朵芙蕖，开过尚盈盈。何处飞来双白鹭，如有意，慕娉婷。

忽闻江上弄哀筝。苦含情，遣谁听。烟敛云收，依约是湘灵。欲待曲终寻问取，人不见，数峰青。

一曲未终，人翩然不见，苏轼怅怅然。张先见此诗情景交融，和婉轻倩，曲折含蓄，情韵无限，又看到苏轼如此模样，张先也认出了舟中女子便是那次西湖歌宴上为苏轼斟酒的王朝云，久经风月的他自然是了然于胸，又因一向懂得苏轼并非留恋风尘之人，所以劝苏轼说，人生得一红颜知己实属不易，若心有所属，便可为之。

但苏轼既已动了心思，必定还要回家和夫人商议。所幸苏夫人王闰之是懂他的，她知道自己的夫君虽风流潇洒，不拒红颜，但从未出格；夫君是知礼节、识轻重之人，能被夫君看中的女子，也必定不是胭脂俗粉。

在那个年代，官宦人家，三妻四妾也是很正常的事。苏夫人出身进士之家，对于官场之事也略知一二，如夫君这般才华横溢之人不知有多少女子仰慕青睐，但这些年来夫君也只有自己一个妻，如此琴瑟和谐，对自己来说已经是足够幸运。

于是在苏夫人的同意和操办下，年仅十二岁的王朝云便被赎身出来入住苏家。苏夫人见其天姿娉婷，怜其清新洁雅，对朝云也甚是喜欢，收她为贴身侍女。朝云天生丽质，聪颖灵慧，敏而好义，精通音律，在苏轼的教导下，进步得很快。

朝云不同于苏轼前两位妻子出身正统，练达持家，地位也远远不及前两位妻子，但正是她的独特经历，在精神和艺术感受上，她又比前两位夫人更能进入苏轼的精神世界。

终日陪伴在苏轼左右的朝云，凭着对艺术生活的了解与体验，对细腻感情的把玩品味，与富有浪漫气质的苏轼相知相惜，填满了苏轼的精神世界。苏轼无论走到哪里，总会把朝云带在身边。苏轼家的极品茶叶密云龙，只有朝云才能取出，专门用来招待苏门四学士黄庭坚、秦观、晁补之和张耒四人。

后来因为日后陪伴苏轼经历生死沉寂的人生变故，朝云也成了最了解苏轼的人。

一日，苏轼吃完饭，拍腹徐行，走到院中，看到朝云和几个侍女在玩，就笑着走过去指着肚子问她们是否知道自己这腹中装的是什么，其中一个侍女称老爷肚子里装的可都是文章，苏轼听后笑而不语，另一侍女接着说老爷肚子里装的都是聪明才智，苏轼听后也只是摇了摇头。这时朝云却歪着脑袋说老爷肚子里装的都是不合时宜。苏轼听罢，捧腹大笑说："知我者，唯有朝云也。"

说苏轼满腹文章或满腹聪明才智，当然都不错，但苏轼之为苏轼，政治抱负无法施展，确实都是因为他一肚皮都是些不合时宜的思想。难怪苏轼捧腹大笑，把朝云引为知己。

朝云深知，经历多次变故，苏轼对于自身荣辱已淡然处之，在仕途上春风得意的背后，也隐藏着苏轼内心对人生祸福相倚的忧惧，物质富有乃身外之物，精神富有方不再贫瘠。能透视苏轼内心世界至此，真可谓是苏轼的红颜知己了。在杭州与朝云的相遇是苏轼一生的幸运。

杭州的山也是最有灵气的了。杭州之山，仙灵所隐之处，必然是山峰奇秀，郁郁葱葱，清泉汩汩。名山的绝妙之处更少不了山中佛寺香烟缭绕，妙相庄严，气势巍峨。徜徉在这南天佛国的氛围里，寻访并尽情领略佛教艺术的魅力，可以让人真切感受到蕴藏在西湖山水之间丰厚的历史文化韵味。

尘世的纷扰，在这里顷刻间灰飞烟灭，一散而尽。以梦为马的诗酒年华里，怎少得了与佛印的煮酒吟诗，不负韶华。

在杭州的日子里，苏轼与众多僧友交往甚密，但最交好之人莫过佛印了。二人经常一起参禅打坐、互开玩笑。苏轼爱好美食，一日忽想吃鱼，就吩咐厨师，用一尾西湖活草鱼，洗净剖开去除内脏，鱼身裂上五刀，加之火腿、葱、姜慢火蒸制。厨师烧制好后，就给苏轼送到书房。苏轼一见，热腾腾、香喷喷，鱼身上刀痕如柳，连声赞叹好一尾五柳鱼！可谁想他刚举筷要吃，忽然，看到窗外人影一闪，佛印来啦。

苏轼一惊，心想佛印来得可真是时候，自己刚要吃鱼，他却赶来了。于是当即决定，今天偏不让佛印吃上，看他怎么办！于是，苏轼急忙把鱼盘子放到书架顶上，藏起酒具，装出一副一心一意推敲词句的样子。

不过，苏轼没有想到，佛印脚快眼尖，在窗外早已见到那盘鱼了，心里也是暗暗决定，任他苏轼藏得再好，今日也要叫他拿出来！

苏轼笑嘻嘻招呼佛印坐下，问佛印不在寺院，倒是跑来他这里，可是有何指教，佛印心中了然，一本正经地回答：“今日前来向居士请教一字。”苏轼看佛印故弄玄虚的样子，心里疑惑，问他是何字，佛印则不紧不慢地问道：“你姓蘇的‘蘇’字怎么写法？”

苏轼听完，眉头一皱，未加细想便脱口而出：“哦，‘蘇’字嘛，上面一个草字头，下面左边一‘鱼’字，右边一‘禾’字。”

佛印又假装糊涂地问:“假如草字头下面左边是‘禾’右边是‘鱼’呢？”苏轼正想着,佛印接着说:“那把‘鱼’搁到草字头上边呢？”苏东坡急忙说：“哎，那可不行啊！”

佛印见苏轼已中了自己的“小圈套”，哈哈大笑说道：“好哇！你说把鱼搁到上面不行的，那就快些把它从上面请下来吧！”

苏轼这才恍然大悟，明白了佛印的“诡计”。二人抚掌，便一起享用他那盘五柳鱼，开怀畅饮起来。

没过多久，苏轼回访佛印。恰逢佛印正忙着做菜，刚把煮好的鱼端上桌，就听到小沙弥禀报称东坡居士来访。佛印怕把吃鱼的秘密暴露，情急生智，把鱼扣在一口磬中，便急忙出门迎苏轼。两人同至禅房喝茶，苏轼一进门坐下，便有阵阵鱼香扑鼻而来，四下望去，别无藏鱼之处，忽见桌上反扣的磬，心中有了主意。

因为磬是和尚做佛事用的一种打击乐器，平日都是口朝上，今日反扣着，必有蹊跷。于是笑着对佛印说：“今日友人出了一对联，上联是‘向阳门第春常在’，在下一时对不出下联，望长老赐教。”佛印不知是计，也脱口而出：“居士才高八斗，学富五车，今日怎么这么健忘？这是一副老对联，下联是‘积善人家庆有余’。”这下子，轮到苏轼开心了：“既然长老明示磬（庆）有鱼（余），就请让我来大饱口福吧！”

佛印这才发现自己上了当,笑盈盈地从磬里端出鱼,关了房门,与苏轼举杯共饮。

一山一水，一景一人，多变的杭州，总是能给苏轼带来不一样的惊喜。

每年的中秋时节，杭州百姓都会参与一项重大事件，就是钱塘江观潮。苏轼本就喜欢雄壮奇观，自然不会错过。于是早早预定下最佳观潮位，等到中秋之日，与同僚一起，坐观浪潮汹涌和弄潮少年的表演。

弄潮就是古代的冲浪，他们高举小红旗，齐声唱着小曲，出没于浪潮之间。看到如此壮阔之景，苏轼也全身血液翻腾，写下了“万人鼓噪慑吴侬，犹似浮江老阿童。欲识潮头高几许，越山浑在浪花中”。

八月观潮，春日赏花，苏轼总能在杭州寻到快乐的事。一到春日，杭州的吉祥寺中上千株不同品种的牡丹争相绽放，花开繁盛，十分动人。每到花开时节，爱好热闹的苏轼就会陪同知州陈襄前往吉祥寺，赏花摆酒作乐。丝竹声声，香风阵阵，引来无数百姓前来观赏。甚至还有百姓带来了自家种的牡丹，用丝绸彩篮装饰，与吉祥寺牡丹斗艳，男人举杯痛饮，女人把牡丹插在了头上、襟前。忘情的百姓负责花会狂欢，苏轼负责吟诗作笑：“人老簪花不自羞，花应羞上老人头。醉归扶路人应笑，十里珠帘半上钩。”真是一派盛世和谐的官民同乐景致。

熙宁四年至七年（1071—1074），是苏轼第一次在杭州任职期间。短短四年，苏轼已与杭州紧紧融合在了一起，他的事迹强有力地渗透在了杭州生活的方方面面。杭州温暖了苏轼的心，苏轼也赢得了杭州人的心。

随着历史的延续，城市的发展，这种融合已然升华为一种文化，而苏轼留下的文化底蕴也终将在时间的沉淀中历久弥新。

第五章

落盏成诗：山河辽阔，我们永远在路上

第一节
得高歌处且高歌

时光清浅，岁月起伏。每个生命都需要被时间打磨，历练着人间烟火，按照未知的方式经历一段段的成长，一路负重，一路前行。

按照北宋朝廷的惯例，地方官员任职满三年后，均须另调其他地方任职。熙宁七年（1074）六月，陈襄离杭出知陈州，苏轼虽有不舍，但也只能同舟送至临平（今杭州东北），并在舟中作《南乡子·送述古》：

回首乱山横。不见居人只见城。谁似临平山上塔，亭亭，迎客西来送客行。

归路晚风清。一枕初寒梦不成。今夜残灯斜照处，荧荧。秋雨晴时泪不晴。

在杭州三年，陈襄虽与苏轼年龄相差二十岁，二人却志同道合，政见、诗词爱好相同，互相尊重，结为忘年挚友。陈襄此去不知是否还有相逢之日。苏轼不舍二人在杭州的共同时光，也不舍二人的深厚情谊，同时对自己的前途隐隐担忧。

因为，再过几个月，苏轼为期三年的杭州通判任期将满，而此时朝堂之上依旧不算太平，王安石变法还在如火如荼地进行，改革派当政，守旧派多被罢黜。已复官待制、瀛州知州的李师中向神宗进言“伏望诏求方正有道之士，召诣公车对策，如司马光、苏辙辈，复置左右，以辅圣德”。

然当时朝中改革派吕惠卿等人断不能忍，毕竟苏轼是神宗皇帝颇为赏识的青年翘楚，苏轼又对新法极力反对，于是吕惠卿弹劾李师中欺罔皇帝，尚未召回苏轼，李师中即被贬为和州团练副使。

身在杭州的苏轼也已认清严峻的政治形势，此时若请求调返京城，无异于飞蛾扑火。考虑到弟弟苏辙熙宁六年（1073）已由陈州学官改任齐州（今济南）掌书记，苏轼上书朝廷，主动请求二番外任：“携孥上国，预忧桂玉之不充；请郡东方，实欲弟昆之相近。”

不久之后，朝廷的上谕到达杭州，苏轼“罢杭州、徙密州”。

熙宁七年（1074）冬，三十八岁的苏轼带着实现致君尧舜的理想与现实矛盾的纠结，结束了杭州通判的任期，赶赴密州上任。

一路上，苏轼的情绪并不是很好，苏夫人王闰之看在眼里，疼在心里，她虽不理朝堂之事，却也明白自己夫君的郁郁不得志，只得温柔劝解苏轼，其实此次去往密州，倒也并无不好，不必过于苦闷。一方面，这样可以远离京城的是非之地；另一方面，密州离弟弟苏辙也是近了许多。

要知道，两兄弟也快三年未曾见面了。听了夫人的话，苏轼略有思忖，此次远离政治旋涡得以自保避祸，且能再与弟弟子由相见，的确未尝不是一件幸事，于是笑着拍了拍苏夫人的手，“夫人所言极是”，并且，在一个夜晚，还写下了《沁园春·赴密州早行，马上寄子由》：

> 孤馆灯青，野店鸡号，旅枕梦残。渐月华收练。晨霜耿耿，云山摛锦，朝露漙漙。世路无穷，劳生有限，似此区区长鲜欢。微吟罢，凭征鞍无语，往事千端。
>
> 当时共客长安，似二陆初来俱少年。有笔头千字，胸中万卷，致君尧舜，此事何难。用舍由时，行藏在我，袖手何妨闲处看。身长健，但优游卒岁，且斗尊前。

这首词不同于苏轼在杭州时所作诗词的清新华丽。这一次，他的笔下也不再是儿女情长，而是文人志士的抱负和追求。此词写此心，道出了苏轼从九霄云外跌落人间尘埃的极度无奈，充满了欲进不得、欲罢不能的矛盾和痛苦徘徊。可惜的是，这次刻意的安排也终未能如愿，苏轼只得携家眷先行前往密州上任。

理想的丰满总挡不住现实的骨感，密州之于杭州，简直天壤之别。若说杭州是人间天堂，那么密州就是蛮荒之地，更是苏轼官途中的炼狱，等待苏轼的将是蝗灾漫天、旱灾交相为虐，盗贼满野、饿殍遍地的巨大困境。

初入密州境内，苏轼就注意到了沿途两百余里，处处可见密州的百姓三五成群，用蒿草藤蔓将满地的蝗虫、虫卵包裹起来，挖地深埋，以绝后患。

他敏锐意识到，密州蝗灾异常严重，如若不尽快采取抓捕措施，必然会给百姓带来不可预计的灾祸，防范不利就会造成颗粒无收，百姓无以为生，流离失所。因此，苏轼抵达任所后，下车伊始便着手查询蝗虫灾情。

经视察，到目前为止，仅报官的百姓捕杀蝗虫数量已达三万斛之多！情况严重得已经超乎了他的想象。他立刻召集地方官员商议对策，没想到当地的官员竟十分昏庸迂腐，不仅发出“蝗不为灾”的愚昧之言，甚至还有邀宠之徒，睁眼说瞎话：“蝗虫飞来，能为民除草。”

早在杭州时，苏轼即已目睹过蝗群啃咬禾苗、“口吻如风那肯吐”的严重场面，那真可谓：“前时渡江入吴越，布阵横空如项羽。农夫拱手但垂泣，人力区区固难御。”他还亲自到各个属县组织捕蝗。

当时，飞蝗从西北铺天盖地而来，嗡鸣之声压过了江水的波涛声，“上翳日月，下掩草木，遇其所落，弥望萧然”。思及蝗灾的可怕和庸官腐吏之言，苏轼异常气愤，愤然斥责道：“蝗不为灾，你们这是欺骗谁，蝗虫如若真能为民除草，农民应是祈盼它们多来，又怎会忍心捕杀呢？”他更进一步谴责这帮腐吏说：“身为一方父母，你们坐观蝗灾泛滥，不思补救之法，是何官心！”这群官员当即哑口无言。

苏轼深知驱除蝗虫是地方官的职责，他身先士卒，在灭蝗的那些日子里，从早到晚奔忙在田间地头，巡视督察，亲身体验到灭蝗的劳苦。不过，苏轼并不是盲目灭蝗，而总是在实践中积极寻找方法。

与蝗虫的斗争中，苏轼也慢慢摸索出了蝗虫的活动规律，白天蝗虫在地下爬着吃庄稼，如果地上有个小沟，前面的蝗虫爬进去，还未出来，后面的蝗虫就爬了下去，将前面的蝗虫压在底下；夜里它们爱往亮处飞。于是苏轼让百姓在地里不远的地方挖一条沟，将蝗虫赶到沟里，用土埋起来。夜里则点起一堆堆的篝火，引诱蝗虫前来葬身，效果奇佳。

在捕蝗的过程中，苏轼也经常向老农请教农业生产知识，由此他知道了“蝗旱相资”：由夏至冬时，如果长时间干旱，就容易造成蝗虫大量滋生，如若坐视不管，满地幼虫，多如尘埃，一旦春回气暖，就将展翅高飞，酿成大灾。

因此，他主张尽可能地防患于未然，争取最大限度地减轻来年将要发生的灾情。在春暖之前，他广泛发动民众以火烧土埋的办法群起捕杀幼虫；同时，还专门拨出粮米，用于奖励积极捕蝗的百姓，灭蝗除卵，又能“得米济饥还小补”，百姓积极性也因此高涨。

尽管如此，因为连年旱蝗相续，密州也早已饥民遍野，而此时朝堂之上，吕惠卿却势头正盛，推行的新法也更为苛刻，密州百姓被天灾人祸所裹挟，生活异常艰难，多数人只能依靠草根树皮聊以度日。屋漏偏逢连夜雨，这年秋旱又比往年更加严重，从夏到秋滴雨不下，冬麦几乎无法下种，直到十月十三日，才好不容易盼来一场雨雪，可那时早已是天寒地冻，难以播种，即使勉强种下，麦苗也无法生长。

和常年相比，十分之中只种得二三分。面对这民不聊生的凄惨现状，苏轼不忍，于是上报朝廷，请求豁免秋税，为百姓求得一条生路。

在城南卧虎山常山神庙西南十五步的地方，有一口泉，汪洋回旋如车轮，清凉滑甘，冬夏如一，泉水溢满流出，直到山下。于是苏轼带人砍石为井，深七尺，广三尺二，在上面建亭，给泉取名为雩泉，苏轼又为百姓寻到了水源，使抗旱救灾取得实效。

密州的日子过得紧张而又辛苦，时常面临的凄惨状况让苏轼身心俱疲。人往往都是这样，越是孤独无助、痛苦难耐的时候，越容易回忆过往自己重视的人。熙宁八年（1075），正好是苏轼爱妻王弗离世十年的日子，二人本是少年夫妻，想到爱妻王弗在世时，聪明贤惠、政治敏感性强，不仅是自己生活上的贤内助，更是政治上的好军师。到如今，斯人已逝，苏轼心中百味杂陈，对亡妻的思念更甚。

但他毕竟是苏轼，一个骨子里深深扎根着酬知遇、报君恩思想的有志之士，即使儿女情长也是一时之事，他明白自己的职责所在，“勤于吏治，视官事如家事”。

尽管从到任之日起，苏轼便带领密州人民与大自然奋力拼搏，可是，由于当时生产技术水平的限制，在巨大的天灾面前，人力的抗击依然显得微不足道。

身处无衣无食的困苦之中，苏轼也不禁感叹道：“余自钱塘移守胶西，释舟楫之安，而服车马之劳；去雕墙之美，而蔽采椽之居；背湖山之观，而适桑麻之野。始至之日，岁比不登，盗贼满野，狱讼充斥；而斋厨索然，日食杞菊。”

一府知州，日子尚且难过，更遑论平民百姓。孱弱者抛儿弃女，辗转死于沟壑；强悍者则铤而走险，恃强行劫。对于“盗贼渐炽”，百姓不堪其苦，身为知州的苏轼，明白保一方百姓平安也是他刻不容缓的职责。

他深刻分析了天灾人祸互为因果：首先天灾是盗贼横生的主要原因；其次，自古以来，山东便民风彪悍，常有被逼无奈之民，落草为寇；最后，也是最直接原因，新法伤民，无论“方田均税之患”还是“手实法”，都已逼得民怨四起，民穷必反。大荒岁月对于广大的穷苦百姓来说，“冒死而为盗”固然可能一死，“畏法而不为盗”也难免饥饿而亡，不少人“相率为盗”，也是无可避免。

苏轼体恤百姓，深知要解决“盗患”必须心存民本，治盗必须治本，并与治事、治吏相结合，挖掉盗贼产生的根源。思虑再三，他制订了自己的弥盗计划，并上书朝廷《论河北京东盗贼状》，以期朝廷的支持。

首先，要灭灾，所幸在他的努力下抗灾已初见实效。

其次，对山东百姓施行“仁慈”“敦化”之政，循循善诱，或可安抚百姓，劝民从良，“明立购赏，随获随给，人事竞劝，盗亦敛迹”。

再次，对待盗贼也要有所区别，对于盗贼主犯须“敕法以峻刑，诛一以警百”，对于从犯“按问减等”，于是“信赏必罚，以威克恩，不以侥幸废刑，不以灾伤挠法，如此而人心不革，盗贼不衰者，未之有也”。

最后，建议朝廷允许商人从事商业活动，并免除小商小贩的商税，同时废除非民政策，只有宽政利民，给人民一条生路，才能保障社会的长治久安。没过多久，朝廷知法害民，便决定废除非民新法，支持苏轼的做法，施惠百姓。

至情至性的苏轼，不仅执政能力出色，他对贫苦百姓也充满了同情心。灾荒的那几年，穷苦的百姓无处可逃，饿殍遍野，被遗弃的孩子随处可见。灾荒之年，余粮全无，若非到了万不得已的地步，作为父母怎会忍心丢弃孩子，割舍下亲生骨肉？可怜天下父母心，苏轼怎会不理解？

但这都是一个个鲜活的小生命，自己又怎能忍心不救？苏轼常常怀着沉痛的心情“洒涕循城拾弃孩”。

刚开始救助的孩童，苏轼尚能带回自家，叮嘱夫人好生喂养，可被遗弃的孩童实在是太多了，夫人、朝云还有家里的其他用人每天都要腾出很大精力来照顾带回家的孩子，苏轼必须另寻他法了。于是几经周折，他设法拨出数百担粮米，单独储存，专门用于收养这些可怜的弃儿。

同时，为让弃儿也有家可依，他便张贴告示，鼓励百姓：愿意领养孩子的家庭，每月由官府补助六斗米，以此来劝谕人们怜惜这些幼小的生命，使这些失去依怙的孩子重得家庭的温暖。

随着时间的慢慢推移，领养者对自己抚养的孩子产生了深厚的骨肉之情，即使生活再苦，也不肯轻易舍弃。就这样，苏轼怀着伟大的人道精神，救活了数千名在死亡线上挣扎的孩童。

熙宁八年（1075），经过苏轼近一年的努力，“蝗旱相仍”的灾情全面得到遏制，“盗贼渐炽”的局面也大为改观，“饿殍弃儿”的现象基本杜绝。苏轼治理密州成果初现，呈现出几年来少有的稳定富庶。

此时，朝堂之上也风云变幻，吕惠卿被正式罢相，加上陈襄向神宗再次举荐司马光、苏轼等人，政治形势似乎正沿着有利于保守派的方向发展，这让苏轼看到了回朝大施拳脚的亮光。

熙宁八年（1075）十月的一天，苏轼再次前往常山，归途中与随行人员来到郊外铁沟附近狩猎，留下了流传甚广的《江城子·密州出猎》：

老夫聊发少年狂，左牵黄，右擎苍，锦帽貂裘，千骑卷平冈。为报倾城随太守，亲射虎，看孙郎。

酒酣胸胆尚开张，鬓微霜，又何妨。持节云中，何日遣冯唐？会挽雕弓如满月，西北望，射天狼。

当时的北宋内忧外患，契丹、西夏、交趾都对大宋虎视眈眈，苏轼虽为“文知州”，也不忘武事，希望通过强身习武，以待报效国家。而也正是这首词拉开了轰轰烈烈的宋朝豪放词的大幕。

自此，苏轼如同开悟一般，词风陡然一变，笔端幻化出万千气象，自成一家，也显示出了苏轼日后词作创造的定律：越艰辛越璀璨。

《礼记》有云：“四十曰强，而仕。”说的是对于读书入仕之人来说，四十岁正是智深力强、做官为政的好年龄。在密州从政的两三年间，正值苏轼三十九岁至四十一岁的不惑之年，他大踏步地走入了人生的成熟期，在各个方面都做出了突出的成就和独特的业绩，成为他光辉一生的重要阶段。

第二节
世事不可强求

人这一生，得失尽有，终其一世，不过云烟。人到中年，苦乐参半，更应当知其乐，忘其苦，明其心，苦其志，追其形，忘其意。对于苏轼来说，处境越是艰难，他就越是坚忍不拔，四十岁之后的他，更是穷且益坚，不坠青云之志，而杭州、密州的苦乐之行，也最终酿成了他生命长河中独特的滋味。

苏轼上任密州后埋头苦干，小有所成，这让苏轼的治国理政才能再一次得到了印证，此时的苏轼也比任何一个时期都渴望得到朝廷的召唤，渴望在更高、更宽、更广的平台上施展自己的政治抱负，他甚至直接向朝廷喊话："圣明若用西凉簿，白羽犹能效一挥。"

然而，此时的朝堂之上波诡云谲，局势复杂多变，虽然改革派偶有折戟，保守派也略获小胜，但在进退拉锯之间，改革派总能左右朝堂局势，苏轼虽屡被举荐，却也次次无疾而终。

在希望与失望交替轮换中，他也渐渐生出了对深陷政治旋涡身不由己的厌倦，开始重新审视目前虽困窘但安宁的生活，并产生了眷恋。

想当初刚来密州之时，正好遇到元宵佳节，上元之夜，苏轼上街看灯，随意闲行。密州不比杭州，贫穷、劳顿又粗陋，再无江南之诗情，加上连年蝗旱，民不聊生，让苏轼自觉凄清落寞，于是他写下了《蝶恋花·密州上元》：

灯火钱塘三五夜，明月如霜，照见人如画。帐底吹笙香吐麝，更无一点尘随马。

寂寞山城人老也！击鼓吹箫，却入农桑社。火冷灯稀霜露下，昏昏雪意云垂野。

经过一年的治理，第二年的密州风调雨顺，百姓安居乐业，苏轼也能腾出更多的时间寄情山水。这段时间是苏轼最难过、最沮丧的时光，但也因这段经历，他的创作生涯达到了一个高峰，写出了最好的诗词。

熙宁八年（1075）八月，苏轼命人修葺了密州城北的旧台，该台原是城墙上的土台，苏轼复加栋宇，整修后的超然台，“台高而安，深而明，夏凉而冬暖”，成为苏轼在密州时主要的登临会友之所。当时远在济南的苏辙听说哥哥在密州建了这个台子，取《道德经》中“虽有荣观，燕处超然”之意，希望哥哥想得开，超然于物外，不要计较官场那些得失，为此台命名“超然台”。

他深知哥哥的性格和情感，还特地写了一篇《超然台赋》，夸其“高台凌空”。从此，苏轼深爱此台，特意写了《超然台记》以明志。苏轼常与同僚好友一起，登台远眺，观光赏景，谈诗论文，对酒放歌，留下传诵千古的诗词名篇，带起了“十万人家尽读书”的“超然文化”。

此后的数篇名作也均是在超然台上完成的，苏轼传世诗词近三千篇，而在超然台上饮酒放歌成篇二百多首，其中就包含了他的很多传诵千古的诗词名篇。超然台如他的老友一般成为苏轼辉煌诗词篇章的见证者。

熙宁九年（1076）暮春，苏轼登超然台，眺望春色烟雨，触动乡思，写下了《望江南·超然台作》：

春未老，风细柳斜斜。试上超然台上看，半壕春水一城花。烟雨暗千家。

寒食后，酒醒却咨嗟。休对故人思故国，且将新火试新茶。诗酒趁年华。

这首词，情由景发，情景交融，将写景、抒情结合得如此完美，细腻生动地表达了游子炽烈的思乡之情和豁达超脱的襟怀。苏轼借煮茶来表达自己对故国思念之情的自我排遣，“诗酒趁年华”更是表达了自己的超然物外，抓紧时机借诗酒以自娱。

这一年的中秋，皓月当空，银辉遍地。此刻，与朋友在超然台畅饮的苏轼，念及分别多年的弟弟，举杯望月，无限遐思，心潮起伏，于是乘酒兴正酣，又挥笔写下了广为人传诵的《水调歌头·明月几时有》：

明月几时有，把酒问青天。不知天上宫阙，今夕是何年？我欲乘风归去，又恐琼楼玉宇，高处不胜寒。起舞弄清影，何似在人间！

转朱阁，低绮户，照无眠。不应有恨，何事长向别时圆？人有悲欢离合，月有阴晴圆缺。此事古难全。但愿人长久，千里共婵娟。

“丙辰中秋，欢饮达旦，大醉，作此篇，兼怀子由。”中秋月明，孤独的苏轼大醉以后，竟举杯向月，诗兴大发，此时、此地、此月、此身，人间有着多少的烦恼、多少的忧愁呀，他运用无穷的想象力，把青天拟人化，举杯问天宫，这里的天宫隐喻着京都汴京。

然而，一阵风来，他微醒，转念一思，天子脚下固然美好，然而毕竟“高处不胜寒”，天宫缥缈的琼楼玉宇虽然华贵，然毕竟冷冷清清，又何及人间的真实自然，“人间”则隐喻着现在所处的密州，在这里有家山，有故水，有亲朋好友，有月光一样缠绵的牵念，这不才是最本真的生活吗？

置身于人生困境中的苏轼，中秋之夜心系子由，他寄情高天的明月：子由，不管生活多么困顿，不管相隔多么遥远，只要在这同一片月光下就是幸福，就是美满！这是苏轼中秋醉酒后的独到人生感悟，是他对手足兄弟遥寄去的一片祝福。

而这首词也成为诗与词完美融合的大成之作，以至后世称此词“中秋词自东坡《水调歌头》一出，余词尽废”“中秋词古今绝唱”“谪仙再来”“天仙化人之笔”等。

从此之后，苏轼纵意驱驰，无往不利，其豪放词有天海风涛之声，其婉约词作也是信手拈来，佳作迭出，成为他苦乐人生中不可多得的一抹亮色。

中秋过后，京城传来消息，欲派苏轼迁任汝州知州。汝州紧邻京都汴京，相对于密州而言，更接近政治权力的中心，对于这一消息，苏轼内心喜不自胜，但是没过多久，就又听说自己的职务由知汝州改为知河中府，整个人还未回过神来，就又听说自己最终被派往徐州。

熙宁九年（1076）十二月，任密州知州已满两年的苏轼最终接到了改知徐州的任命。数月之间，自己的仕途之路沉浮反复，自此，苏轼上报君恩以求宏图大展的念想彻底被打消。

收拾好心情，苏轼携带妻儿又一次踏上了征途。

熙宁十年（1077）正月底，苏轼经潍州、青州，第一次到了济南。他本想着这次终于可以和弟弟子由相聚了，但又未能成行，在自己还未到济南之前，弟弟子由已经接朝廷诏令返京等待吏部铨叙了。好在自己的故知李常正在济南知州任上，来到济南的苏轼得到了李常的盛情款待。

一同迎接苏轼的，还有苏辙的三个儿子苏迟、苏适、苏远。三个侄子知道大伯一家要来，不顾残雪寒意，早已兴奋地伫立在城外等待，未及马车走进，就急忙忙地迎了上去。待苏轼下车，侄子三人齐刷刷并排一站，恭恭敬敬地给苏轼作揖叩拜，问候大伯。

几年不见，三个侄子长得是越发精神了，眉宇之间尽显弟弟年轻时的风采，苏轼内心欢喜不少，以至于多年之后仍深情地忆及此次济南之游："忆过济南春未动，三子出迎残雪里。我时移守古河东，酒肉淋漓浑舍喜。"

在"四面荷花三面柳，一城山色半城湖"的魅力济南，他乡遇故知，又与三个侄子相逢，苏轼一家在济南待了一月之久。在亲友的陪伴下，苏轼策马畅游龙山，尽撒"济南春好雪初晴，行到龙山马足轻"的轻松自在，槛泉赏梅花饮酒，享受"更忆槛泉亭，插花云髻重"的自由洒脱。

不过，济南山水虽好，但苏轼终究只是过客。

二月初，苏轼带着自家妻儿和弟弟家眷前往汴京与弟弟会合，接到消息的苏辙早早地就来到城外等待。对于多年未见的哥哥，苏辙也是万分想念。出城三十里，只为迎亲兄。兄弟二人一见面，便握手相拥，此时纵有千言万语，也尽在不言中。

对于哥哥苏轼从河中府任命改为知州徐州一事，苏辙甚是气愤，倒是苏轼素知弟弟沉稳持重、内敛不外露，为自己的仕途费心费力，在经历太多的悲欢之后，此时的他心情却颇为平静。"人事凄凉，回首便他年"，对于诡变的官途机遇，他已不再执着，只缓缓宽慰弟弟道："自古圣心难测，吾辈尽心即可，余下之事自有分解。"苏辙听后，也明白了哥哥已能从容面对人事变迁。

二人说着便向陈桥驿走去，还未行至城门之处，就被上前的门吏拦住，说是前几日已经接到上级命令，不允许苏轼入内。这让苏轼错愕不已，苏辙也十分惊讶，两兄弟上前细问是否其中有所误解。

门吏又拿出了不得让苏轼入国门的文书，苏辙一看，瞬间火大，厉声质问这文书是何人所出。门吏听出了苏辙的愤怒，也只是连忙解释自己只是奉命行事，自己官职卑微，并不知道是何原因不让苏大人进城。

苏轼听罢，拉住了还欲向前的苏辙，转身离开了城门。

其实，他何尝不知道改革派对他的忌惮和排斥，虽然神宗对他三次外派，但对他的欣赏他也是能感受到的，如今，改革派依旧操控朝堂，岂能容他再与皇帝见面。他也知道此次进京面君，势必会阻碍重重，只是没想到会来得这么直白与赤裸，自己终究是要远离朝堂之外了。

无法进城，只能先找地方住下。

当时，世路险恶，苏轼、苏辙的前途都尚未分明，好多人避之不及，唯恐与兄弟二人交往会被连累。如此境遇之下，昔日与苏轼和苏辙交情深厚的范镇伸出了援手，毅然邀请兄弟二人寓居在自己在城外的东园。

情趣志向相投，苏轼兄弟二人与范镇在东园经常畅谈无忌，日子也似乎不再难过，于是久未成书的苏辙又写下了《寄范丈景仁》：

京城冠盖如云屯，日中奔走争市门。
敝裘瘦马不知路，独向城西寻隐君。
隐君白发养浩气，高论惊世门无宾。
欣然为我解东阁，明窗净几舒华茵。
春天雪花大如手，九衢断绝愁四邻。
平明熟睡呼不觉，清诗渌酒时相亲。
我兄东来知东武，走马出见黄河滨。
及门却遣不得入，回顾欲去行无人。
东园桃李正欲发，开门借与停车轮。
青天露坐列觞豆，落花飞絮飘衣巾。
留连四月听鷃鸠，扁舟一去浮奔浑。
人生聚散未可料，世路险恶终劳神。
交游畏避恐坐累，言词欲吐聊复吞。
安得如公百无忌，百间广厦安贫身。

这年三月，范镇要去西京出游，苏轼也写下了《送范景仁游洛中》：“小人真暗事，闲退岂公难。道大吾何病，言深听者寒。忧时虽早白，驻世有还丹。得酒相逢乐，无心所遇安。”

深处险境的兄弟二人对范镇的慷慨大方无以为报，二人只能借助这言辞深切的诗作来表达自己对范镇清高脱俗风范和借园于己、不计个人荣辱得失的敬重与钦佩。

寄居在范镇东园的两个月里，苏轼还完成了一件大事，就是为自己的长子苏迈娶妻。想到自己爱妻王弗仙逝以后，两人的爱子迈儿这些年来随自己奔波多地，尝尽人情冷暖，也是受了不少苦难，苏轼自觉亏欠儿子很多。

苏迈十二岁时便开始追随苏轼在杭州读书，后来辗转密州，如今苏迈已经年满十八，苏轼知道这些年的不断变迁，让儿子始终难以碰到合心意的姑娘，而这一次路经汴京，缘分来了。

苏迈遇见了吕陶家的姑娘，二人自幼相知，此后因苏迈随父外调，便一直未再见面。

经年未见，此次相逢，两人一个是俊才一个是少女，相互之间暗生情愫。苏轼见状，也乐见其成。此时的吕陶担任殿中侍御史，且与苏轼均为眉州之人，二人亦有私交，可以算是门当户对，且小儿女情意正浓，于是苏轼便向吕陶家求娶其女为媳，并下了婚书《与迈求亲启》：

> 里闬之游，笃于早岁。交朋之分，重以世姻。某长子迈，天资朴鲁，近凭一艺于师传。贤小娘子姆训夙成，远有万石之家法。聊伸不腆之币，愿结无穷之欢。

吕陶本就欣赏苏轼的家风和人品，见苏迈相貌不凡，才思过人，行事周正，颇有其父风范，且为人父母，只愿女儿婚姻幸福，此生无忧，所以对此桩婚事欣然应允。熙宁十年（1077）三月，苏轼郑重地为长子苏迈举办了婚礼。

苏迈结婚是需要婚房的，这也让苏轼为难起来。早年苏父在世时，父子三人一段日子中均在汴京为官，为此苏父曾在汴京宜秋门外（北宋前期汴京内城西南角的一座小门）置办过一处房产，后来苏父去世后，苏轼、苏辙二人也因为朝廷派系之争而外调出京。事实上，宋朝高房价让很多诗人买不起房，苏轼一直到 47 岁才买到房子，有了自己的安身之所。之后二人也一直旅官在外，再未在汴京置办房产，以致后来多次来京述职也须寄居旅店或友人家中。

听到苏轼要为子娶妻无婚房可用，已是忘年之交的范镇又一次发挥了他的力量，他立即派人把东郊别墅那几间暂时空闲的房子全部打扫干净，收拾一新，给苏迈做婚房之用。

锦上添花易，雪中送炭难，这份情谊让苏轼未能忘怀。范镇仙逝以后，苏东坡在其挽词中写下了“高斋留寓宿，旅食正萧然”，来表达自己对范镇留宿借房情谊的感谢与缅怀。

虽然苏迈的婚礼略显仓促，但是苏轼和苏辙两家也做了精心准备。苏轼的妻子王闰之更是亲力亲为，丝毫不曾懈怠。

苏迈虽不是她亲生的，却是她姐姐和夫君留下的唯一骨血，这么多年来她也一直将苏迈视如己出，更是要求自己所生的孩子以苏迈为榜样。苏迈也和她十分亲近，对弟弟更是爱护有加，母子兄弟感情都很深厚。

苏夫人早已找人写好礼单，并按照礼单物品一一亲自采购，所选之物非为极贵却是品色极佳，均是精挑细选之物。

苏迈的弟弟们和苏辙家的孩子们更是欢喜，他们鞍前马后地像小大人一般帮助父母跑腿买办，更是争先恐后地上手给哥哥布置婚房，添上大红喜字，处处都显示着一片喜气洋洋。苏轼还请了京城最有名的乐队和迎亲队伍，将苏迈的婚礼办得热闹体面又大气。这也是苏轼人生的极大乐事了，丝毫不亚于当年自己娶妻的快乐。

苏迈成亲之后，苏辙改任著作佐郎。转眼间，兄弟二人又到离别时。看着尚有些许时间，兄弟二人便商议着分开之前再去看望一下张方平。四月初始，两家人结伴离开汴京，专程来南都，拜见七十一岁的张方平。

此时的张方平在南京（今河南商丘）留守，为检校太傅、中太一宫使、宣徽南院使、兼判应天府。得知三十八岁的苏辙改任著作佐郎，张方平又立刻辟举苏辙为签书应天府判官。

在留居张府的二十多天中，遵张方平所嘱，四十岁的苏轼作《代张方平谏用兵书》，力谏神宗皇帝谨慎用兵，以此来表达二人的爱民之心和忠君之义。

熙宁四年至熙宁十年（1074—1077），苏轼先后被派往杭州，调任密州，改派徐州，几经困顿，却也从未阻止他前行的脚步。这些年的心路历程也为苏轼日后伟大人格的养成打下了牢固的基础。

第三节 生命奔流不息

自古以来，徐州便是北国锁钥、南国重镇、兵家必争之地和商贾云集中心。作为历史上华夏九州之一，徐州地处苏、鲁、豫、皖四省交界，东襟淮海，西接中原，南屏江淮，北扼齐鲁，素有“五省通衢”之称，北宋时期连接关洛（传统政治中心）、幽燕（北方边疆政治中心）、江南（财政支柱）三个重要地区，不仅是交通要塞，更是众多资源的集散地。

千百年间，徐州风土清嘉、物阜民丰、人杰地灵、英豪辈出。自春秋战国时期的争夺彭城（今徐州）之战，到后来秦汉之交的楚汉相争，再到东汉末年的泗水之战……这里留下的每一场战争痕迹，几乎都改变了国家命运或历史走向，以至几十年后记录水泊梁山故事的《水浒传》中就留下了“九里山前古战场，牧童拾得旧刀枪。顺风吹动乌江水，好似虞姬别霸王”的古韵传唱。

不仅如此，徐州这一方水土也孕育出了猛士如风、谋士如云、千古骚客、艺术大家，可谓风流人物，数不胜数。既有王侯将相项羽、刘邦，又有诗词双璧刘禹锡、李煜，还有道教创始人张道陵。

熙宁十年（1077）四月，群英荟萃的徐州又迎来了它的新星——苏轼，而苏轼也将在徐州这片大地上为他的仕途生涯留下浓墨重彩的一笔。

徐州地位如此重要，因此，苏轼对这次任命总体还是比较满意的。

他在《徐州上皇帝书》中写道：“徐州为南北之襟要，而京东诸郡安危所寄。”这种重任在肩之感，是激励苏轼在徐州两年大展宏图的一个重要原因。

纵观苏轼一生，为官十六地，主政八个州，南来北往，多次于江苏境内穿行不断，但徐州对苏轼的意义，远比其他城市重要得多。

徐州不仅是他路过的一个城，更是他努力为官、人生仕途的一个重要转折点。他的学生秦观曾评价说：“我独不愿万户侯，惟愿一识苏徐州。徐州英伟非人力，世有高名擅区域。”后来的林语堂先生在评价苏轼时也曾说“苏东坡的政治生命从徐州开始”。

熙宁十年（1077）四月末，告别张方平后，在早春的寒风中，弟弟苏辙陪着哥哥苏轼到达徐州。四月徐州，花海如潮，一城青山半城湖，是最美的人间四月天。

一下车，苏轼便看到这里风景如此清幽典雅，不由得欣喜地对弟弟说道：“这里景致甚佳，也算得上是小住胜地了。”苏辙对这里也是颇为满意，与哥哥分别多年，加上又不急于上任，苏辙在徐州陪哥哥待了三个多月，兄弟二人共同度过了一段美好的时光。直到过完八月十五，苏辙才离开徐州，前去南京上任。

离别是在徐州的逍遥堂，兄弟二人想起十七年前怀远驿中那个风雨夜的约定，本以为实现了风雨联床的旧约，实际还是漂泊在彭城。对此，子由深情地写下了留别绝句：“逍遥堂后千寻木，长送中宵风雨声。误喜对床寻旧约，不知漂泊在彭城。”

在离别的前一夜，二人共度了中秋佳节，苏辙不舍哥哥，还写下了《水调歌头·徐州中秋》，其中写道：“今夜清尊对客，明夜孤帆水驿，依旧照离忧。”

苏轼读后心中感慨不已，为弟弟和诗《子由将赴南都，与余会宿于逍遥堂，作两绝句》，在序言中安慰弟弟和自己：“以为今者宦游相别之日浅，而异时退休相从之日长，既以自解，且以慰子由云。”

熙宁十年（1077）秋，中秋刚过，徐州地区迎来了数天暴雨，澶州黄河大堤决口，顷刻间淹没了四十五个州县，“彭门城下，水二丈八尺”，很快徐州城也被洪水困住了。

洪水声势浩大，处处都是“河涨西来失旧谼，孤城浑在水光中”和“夜闻沙岸鸣瓮盎，晓看雪浪浮鹏鲲”的惊险场面。黄河之水在梁山泊泛滥，从南清河溢出，汇聚在徐州城下，水位不断上涨，已经卷走了不计其数的穷苦百姓。

苏轼忧心如焚，派善习水者划船进行打捞，全力抢救落水百姓。然而，此时的洪水来势汹汹，眼看就要泄进徐州城里，城墙即将被冲毁，一时间全城百姓全部陷入了惊恐不安之中，城里有钱的富人纷纷跑到城门之下叫嚷着要出城去避难。

苏轼见状，愤怒不已："如果你们都出了城，民心一定会动摇，谁还能和我一起守城呢？我不走，你们一个个也不能走，只要有我在这里，就不会让决堤的水毁了城墙。"于是命令守城门卫将这些富人又赶回了城里。

八月二十一日，水位越涨越高，已经慢慢逼近了东南外墙，衙门里的官员都劝他可暂且撤退到云龙山上。但苏轼想到，如果自己带领百姓都撤退到山上，虽然能暂时保全性命，但是徐州这座千年古城必然会在洪水中消失掉。为了保全徐州城和徐州百姓，最后他决定全力抗洪，喊出了"吾在是，水决不能败城"的决心。

苏轼根据掌握的情况制订了详细的抗洪方案，一方面指挥着现有的兵力加紧加固墙基，加高墙面和堤坝，防止洪水冲塌城墙，另一方面，组织五千名民夫对下游河道进行疏浚，为泄洪做准备。

在抗洪的最前线，处处都留下了苏轼忙碌的身影。他身披蓑衣，脚蹬草鞋，拄着木杖，在每一处最危险的地方出现，亲自指挥并参与抗洪抢险的艰苦战斗，数次过家门而不入。

但是，连日的大雨已使城外的水位超出了城中平地近两丈

（约十三米），最矮的东南墙段在水面之上的部分只剩下不足六寸，巨大的洪灾面前，徐州城的兵力、民力显得十分有限。于是，苏轼不得不顶着满身疲惫，拖着一身泥水，马不停蹄地前往武卫营求助。

在宋代，军队是直接由皇帝统率的，地方官无权调配。但眼下事态紧急，无法按常规行事，他只能唤出了营长，言辞恳切地说道："黄河水将要冲毁徐州城了，形势已万分紧急，实在万不得已，虽然你们是由皇家统率的禁军，但也是人民的子弟兵，所以也请你们全力相助，以救徐州数万百姓。苏某在此替全城百姓先行谢过了。"

营长虽为一介武夫，但也是忠君爱民之人，见到连日抗洪双眼已布满血丝的苏轼后大受感动，当即拱手慨然说道："太守您尚且不逃避洪水，我们更当为您效力。您有什么指示，请尽管吩咐。"

苏轼也不再客气，于是请营长率领他的禁军士兵们拿着箕畚铁锹出营，修筑东南方向的长堤，堤坝从戏马台起，末尾与城墙相连。九月二十一日，全长九百八十四丈、高一丈、宽两丈的防水堤奇迹般修筑完成了。当洪水要从东南墙面涌入城内时，正好被新修的防水堤挡在了墙外。

不过，洪水在城外不断盘桓，始终是一个大隐患，此时的苏轼又听了一位对水利和地理非常有研究的僧人的建议，率领民夫和禁军在一个叫清冷口的地方施工挖坝泄洪，将洪水引入了黄河故道，十月初五，洪水改道，围困了徐州城四十五天的黄河水终于退去。

抗洪战役胜利，百姓无不欢欣鼓舞，将苏轼视为再生父母。虽然洪灾安全度过，但苏轼明白防患于未然的重要性，于是他上疏皇帝汇报了抗洪救灾的情况，并奏请朝廷免去徐州赋税、拨款修建徐州城墙。朝廷的嘉谕很快就传到了徐州，神宗皇帝在盛赞苏轼、犒劳军民的同时，也诏准了苏轼在城外修筑小城和木岸的请求。

因此，在得到朝廷拨款后，苏轼又立即率领军民在城东要冲处修筑了一座十丈高楼，按金、木、水、火、土“五行”之说，黄色为土，土当克水，以黄土刷墙，取“土实胜水”之意，此楼也被命名为“黄楼”。

元丰元年（1078），黄楼落成，苏轼还邀请了不少名人登楼赋诗，弟弟苏辙特地为其写了一篇千字赋文《黄楼赋》，苏轼亲自将其赋文镌刻成碑。

在当年的重阳节，苏轼主持了黄楼的落成大典，在楼上摆酒设宴，徐州的百姓聚集到了黄楼下前来庆贺，追怀治水经过。对此，苏轼兴奋地写下《九日黄楼作》（节选）一诗：

去年重阳不可说，南城夜半千沤发。
水穿城下作雷鸣，泥满城头飞雨滑。
黄花白酒无人问，日暮归来洗靴袜。
岂知还复有今年，把盏对花容一呷。
莫嫌酒薄红粉陋，终胜泥中事锹锸。

黄楼新成壁未干，清河已落霜初杀。

之后“黄楼”也就成了徐州人民抵御洪水的力量象征。

此外，苏轼还提出了“筑堤防水，利在百世”的主张，带领民众继续筑堤“七百九十丈”。他身体力行，亲自拿着锹铲，指挥民众开采顽石，修筑巩固堤坝。这些用顽石修筑的长堤，也终将和苏轼的名字一样，历千年而不朽。

抗洪胜利的喜悦还未消退，苏轼又迎来了他徐州任上的又一次灾情。元丰元年（1078）春，水灾过后，徐州城内外“千里禾麻一半空”，所见之处皆是满目疮痍，岁入不登，百姓的生活受到了极大的影响。

本等着春来播种，恢复生产，偏又天不遂人愿，这年的春天发生了“东方久旱千里赤，三月行人口生土”的旱情。

苏轼因地制宜查看水源，征集民夫，修筑池塘、水库。所喜的是，不久之后，徐州迎来了一场喜雨，旱情有了很大缓解，作物长势喜人，百姓丰收在望，人人喜气洋洋。

苏轼看到麦收时节欣欣向荣的农村风光，满怀深情地写下了《浣溪沙·徐门石潭谢雨道上作五首》。

照日深红暖见鱼，连溪绿暗晚藏乌，黄童白叟聚睢盱。

麋鹿逢人虽未惯，猿猱闻鼓不须呼，归家说与采桑姑。

旋抹红妆看使君，三三五五棘篱门，相挨踏破茜罗裙。

老幼扶携收麦社，乌鸢翔舞赛神村，道逢醉叟卧黄昏。

麻叶层层苘叶光，谁家煮茧一村香？隔篱娇语络丝娘。

垂白杖藜抬醉眼，捋青捣麨软饥肠。问言豆叶几时黄？

簌簌衣巾落枣花，村南村北响缫车，牛衣古柳卖黄瓜。

酒困路长惟欲睡，日高人渴漫思茶，敲门试问野人家。

软草平莎过雨新，轻沙走马路无尘，何时收拾耦耕身？

日暖桑麻光似泼，风来蒿艾气如薰，使君元是此中人。

五首诗，五幅图，描绘出了徐州乡村自然优美的田园风光和雨后农事繁忙的动人场面：黄童白叟，闲适自乐，村姑蚕娘，勤劳朴实；官民之间，鱼水之情，亲密无间，无拘无束，勾画出了一组其乐融融的“官民同乐图”，也显示了苏轼关心民生、与百姓休戚与共的情怀。

天将降大任于斯人也，必先苦其心志，劳其筋骨，饿其体肤，空乏其身，行拂乱其所为，所以动心忍性，曾益其所不能。而徐州则正是激励苏轼心志、提高其能力的地方。当年，徐州的旱灾稍缓，寒灾又接踵而来。

这年的冬天，经历了洪灾、旱灾之后，徐州又连降大雪，天气异常寒冷，时常出现“君不见前年雨雪行人断，城中居民风裂骭。湿薪半束抱衾裯，日暮敲门无处换”的场面。冬季的徐州往往薪柴奇缺且贵，百姓常常是一床被子连半捆湿柴都换不到。

数日严寒使得徐州城的很多百姓都腿脚冻裂。为抵御严寒，他们只能迎风冒雪，四处奔走，争相砍伐林木，南山栗林被破坏殆尽。

百姓受苦，山林被伐，这让体恤民情、想要解民之困的苏轼焦心不已。如何解决徐州百姓冬季烧柴困难和保护山林的问题，一直萦绕在苏轼心头挥之不去。

经过反复考察后，他根据徐州的地理环境和已掌握的线索，积极组织人力，四处查找煤炭。经过一年的细致勘查和不懈努力后，元丰元年（1078）的十二月，终于在徐州西南的白土镇以北位置，发现了储量可观、品质优良的煤矿。

于是，苏轼带领城中百姓有序进行煤炭挖采，极大程度上解决了徐州百姓冬季燃料问题，同时也保护了山中林木得以休养生息。百姓欣喜不已，奔走相告。看到百姓一扫之前的忧虑愁苦，民众无忧，苏轼也十分高兴，为了记录这一功绩，他还专门写下了《石炭（并引）》："岂料山中有遗宝，磊落如瑿万车炭。流膏迸液无人知，阵阵腥风自吹散。根苗一发浩无际，万人鼓舞千人看。"

让人惊喜的是，在发现石炭的同时，苏轼还发现了北山的铁矿。北宋时期，边境并不安宁，时有敌军来犯，徐州虽是产铁之区，但冶铁的燃料比较困难，此次石炭的发现，也可作为冶炼铁矿的燃料，可谓一举两得。

苏轼意识到了此次发现对国防的重要性，因此在《徐州上皇帝书》中专门谈到利国铁矿业的发展，提出了通过煤炭作为冶铁燃料，用于提高炉温，以求生产出优良锋利的武器和工具，来保家卫国。"南山栗林渐可息，北山顽矿何劳锻。为君铸作百炼刀，要斩长鲸为万段。"苏轼的爱国情怀由此可见一斑。

由于连年灾荒，盗贼猖獗，苏轼任知州期间，各地的监狱几乎爆满，狱卒虐待囚犯的情况也时有发生，监狱环境十分恶劣，囚犯吃不上饭，看不上病，时常冤死狱中。苏轼明白百姓沦为盗贼皆是因为灾荒之乱和政府的横征暴敛，被投进监狱后生病得不到医治，还要受虐待而死，对此情况，他哀痛不已。

身为知州，悲天悯人的苏轼只能尽力改善监狱的饮食和卫生条件，并派医生去监狱为囚犯看病。

对于迫害囚犯的狱吏，苏轼更是毫不客气地说道："在我朝，虽然有鞭打囚犯至死罪罚严重，对有病的囚犯不进行医治而致其死亡却不算犯法的惯例，但这些久病的犯人不给医治导致死亡的，官员和狱卒都要为此承担责任。犯人依然是人，为何不能及时给予食物充饥？为何不能得到医生的照顾？如果在监狱里饿死了或病死了，那坐牢不就与杀头无异了吗？”

他上疏皇帝，请求给各县的监狱选派医生，医治病囚，对于那些谋害囚犯的狱吏官员也要追究其责任，加强对狱吏的管束惩办，以此来保护因走投无路而触犯刑律的囚徒。在这片黑暗之地，苏轼的人道主义光明慢慢渗透了进来。

苏轼在徐州任知州的两年里，勤政爱民，务实精干：抗洪水，抗旱灾，寻石炭，医病囚，治官吏，一心一意造福徐州百姓。

历史从来不是一块可以任意涂鸦的画布，为官者造福造祸，还是碌碌无为，历史都将会忠实地记下其行踪。为官者官品如何，政绩怎样，最有发言权的终是百姓，而在徐州百姓心中，苏轼则占据着沉甸甸的分量，即使千年之后，在徐州百姓心里，依旧是“古彭州官何其多，千古怀念惟苏公”。

第六章

万物寂静：让过去过去，让未来到来

第一节 心碎于乌台

人生自古多曲折，世路风波险。多少人生风雨后，壮举一场梦。生而为人，即使优秀过人也要学会适应环境，审时度势，切莫清高自傲，一意孤行。世间之事，皆为无常，木秀于林，风必摧之；堆出于岸，流必湍之；行高于人，众必非之。

对于苏轼而言，他太优秀了，他的盛世才华和治世才能，得到掌权者欣赏的同时，也遭到了弄权者的忌惮，终究成为一把伤他的利器。

做徐州知州的日子，虽然连遇天灾人祸，苏轼却凭着一己之力，给徐州百姓留下了丰富的物质财富和精神财富。苏堤、黄楼，快哉亭、放鹤亭、东坡石床、燕子楼……

还有那数以百计的不朽诗篇，汇编成册的《黄楼集》、千古大作的《放鹤亭记》……他为这座城市带来了温暖和荣光，这座城市也为他施展齐家治国平天下的政治才能提供了广阔的天地。

正当苏轼准备继续在徐州大放异彩时，元丰二年（1079）三月，苏轼接到调任湖州的诏命。

在封建社会遇到一位真心爱民如子的父母官很不容易，当彭城父老听到苏轼要离开的消息后，纷纷从四面八方聚集而来，扳援在苏轼的马前，甚至截割他的马蹬，不愿让他走。父老乡亲捧篮献花，洗盏呈酒，诉说着一起抗洪抗旱抗寒的情谊，为这位使君许下无限祝福。

百姓一句句感恩和祝福的话语，让苏轼感动不已，热泪盈眶地写下了那首《江城子·别徐州》：

天涯流落思无穷！既相逢，却匆匆。携手佳人，和泪折残红。为问东风余几许？春纵在，与谁同？

隋堤三月水溶溶。背归鸿，去吴中。回首彭城，清泗与淮通。欲寄相思千点泪，流不到，楚江东。

这首词，是苏轼离开徐州时的挥泪绝唱。他在徐州仅两年，又调往湖州，南北辗转，天涯流落之感越发强烈。回忆与徐州人士交往的点点滴滴，有邂逅相逢的喜悦，有骤然分别的痛惜，有得而复失的哀怨，纵使春光仍在，而今却要身离徐州，与谁同春？唯有别时的千点相思泪，来寄托自己对徐州风物人情的无限留恋。

暮春之时，苏轼携家眷前往湖州上任。途经扬州时，受到了当地太守和好友张嘉父、释德洪的盛情招待，此外还故地重游了平山堂。

平山堂是苏轼的恩师欧阳修1048年在扬州任知州时修建的，此次苏轼重临故地，也是他第三次过平山堂了（1071年和1074年苏轼途经扬州，都曾到平山堂拜谒欧公）。距离最后一次拜见恩师已过去了近十年，如今恩师也已去世将近七年，睹物思人，一首《西江月·平山堂》从苏轼的笔端缓缓流出：

> 三过平山堂下，半生弹指声中。十年不见老仙翁，壁上龙蛇飞动。
>
> 欲吊文章太守，仍歌杨柳春风。休言万事转头空，未转头时皆梦。

短短数句，既浓缩了苏轼近十年间南迁北调的动荡生涯，也尽显了苏轼对恩师的怀念之情。近十年的人生跨度中，自己固然已蹉跎岁月，但恩师的嘱托言犹在耳。

弹指之间，半生倏忽已过，此时已经四十二岁的苏轼，在文学方面，不负恩师期望，已成为引领北宋文坛的领袖，但在仕途方面，坎坷浮沉，外放多年依旧归期如梦，始终未能如恩师所愿。

四月末，苏轼接任湖州知州。正当苏轼按照以往惯例开始慢慢接手工作，熟悉地方事务时，一场酝酿已久的危机已经慢慢开始逼近他。此时身处湖州的苏轼已经很危险了，只是他尚未察觉到。

在中国的历代王朝中，若论对文人最好的王朝，非宋朝莫属。早在北宋初创伊始，开国皇帝宋太祖赵匡胤就非常尊崇文人，他坚持以文治国、崇尚儒学，不断提拔有才学的读书人做官，甚至在临死之时还定下了“不得杀害读书士子，即便是他们犯下了滔天大罪，也不能治他们死罪剥夺他们的生命”的祖宗之法。

赵匡胤之后，尊崇文人之举也为后继之君争相效仿，可以说宋朝是文人的乐土，宋朝的文人言论自由也达到了前所未有的高峰。在宽松的从政环境下，“以天下为己任”的士大夫都怀着高度的责任感通过上疏来批评时政、指出问题所在。由此能够参与政事的北宋文人直言进谏是常有之事，议政诗词也层出不穷，而对于苏轼这样一位亲历变法伤民的文化巨匠来说，暗讽新法、议论朝政的诗词总是随感而发。

离京外放期间，苏轼的文学艺术创作成就是卓越的，但个别诗句也流露出对朝政的讽刺。他嫉恶如仇，遇到不平之事总是一吐为快，这也为日后的乌台诗案埋下了隐患。

苏轼刚赴任杭州时，他的表兄文与可就寄诗直率地规诫他：“北客若来休问事，西湖虽好莫吟诗。”弟弟苏辙陪他任职徐州时，走前也曾用手捂住苏轼的嘴，要他“三缄其口”。但苏轼并没有把这些规劝放在心上，性情耿直天真的他哪会意识到，湖州三个月，已是山雨欲来风满楼的时刻。

元丰二年（1079），北宋朝堂政局发生了深刻变化，王安石已辞去相位，由于变法引发了一系列民怨和矛盾，宋神宗的变法之心也有所动摇，皇室贵族和士大夫阶层也多不看好，整个变法正在慢慢失控。而当初追随王安石变法的很多庸官和小人，为维护自己的既得利益，防止被清算，也开始相互勾结制造祸端。以吕惠卿为首的改革派新党一方面不断打压王安石，防止他再度掌权，阻挡他们上升的通道；另一方面继续竭力排挤保守派，防止保守派重新左右朝政，而此时的保守派领袖司马光正闭门编写《资治通鉴》，无懈可击，他们只得另想办法，最后将矛头指向了苏轼。

苏轼虽然一直离京在外，却与众多保守派精英联系密切，且又向来就爱发表一些嘲讽时政的诗词文章，俨然保守派的发言人，于是，改革派处心积虑地策划了这起斩首行动——乌台诗案，目的就是从苏轼开始，彻底将保守派铲除殆尽。

上任湖州后，苏轼循例作《湖州谢上表》，向朝廷表示谢意，这本只是例行公事，略叙为臣过去无政绩可言，再叙皇恩浩荡，而笔端常带感情的苏轼，表末了还要加上个人色彩，“知其愚不适时，难以追陪新进；察其老不生事，或能牧养小民”。苏轼笔下的“新进”，指的是王安石变法时被引进的一批投机钻营的群小，“生事”一词，已成为保守派攻击变法派的习惯用语。

这自然刺痛那些仍然窃据高位、谋取私利的小人。第一个站出来检举苏轼的是御史里行何正臣，紧接着是李定、舒亶等人。他们百般构陷，说苏轼“愚弄朝廷、妄自尊大、衔怨怀怒、指斥乘舆、包藏祸心、对皇帝不忠”，条条都可以将苏轼置于死地。

由此拉开了这场宋朝文字狱的序幕，之后这群新党小人更是变本加厉。

1070 年至 1079 年这九年间是苏轼创作高峰时期，其中难免激愤不平之气，也有隐含讥讽新政之处。于是他们不断搜集苏轼创作的诗词文集，并从中找出个别句子，曲意歪解，断章取义，并给予定罪。

例如歪曲苏轼的《杭州纪事诗》，说是“玩弄朝廷，讥嘲国家大事”；苏轼写的“读书万卷不读律，致君尧舜知无术”本意是说自己没有把书读通，所以无法帮助皇帝成为像尧、舜那样的圣人，他们却指苏轼是讽刺皇帝没能力教导、监督官吏；“东海若知明主意，应教斥卤变桑田”被歪解成苏轼指责兴修水利的这项措施不对；“岂是闻韶解忘味，迩来三月食无盐”说他是讽刺神宗禁止人民卖盐……他们无所不用其极，罗列的桩桩件件，都是要把苏轼推向死亡的边缘。

新党人以“作为诗文讪谤朝政及中外臣僚，无所畏惮”不断弹劾苏轼，宋神宗被逼无奈，只得降旨将苏轼交御史台，由李定为首的“根勘所”负责审理。

元丰二年（1079）七月，李定等人奉旨查办，立即派太常博士皇甫僎带人前往湖州逮捕苏轼，罪名是作诗讽刺朝廷。

见到皇甫僎之前，苏轼已收到苏辙的来信，虽然已经和家人烧掉了一部分与他人来往的诗集书信，但心中还是害怕的。

面对来抓自己的悍卒，苏轼大惊失色，问身边的人是不是该把官服脱掉，皇甫僎则告之罪名未定，暂时不用。苏轼看对方来者不善，又请求先与家属告别。苏轼夫人送夫至门，泣不成声，扯着他不肯放手。

苏轼强颜欢笑地回头说道："夫人切莫伤心，你能否也学下杨朴的妻子，作首诗送我可好？"

夫人忍不住笑出声来，苏轼这才得以脱身。这是苏轼常在家中与夫人讲的趣事。杨朴是真宗时的隐士，被迫入京见驾，真宗问他："卿临行时可有人赠诗否？"杨朴说："只有臣妻作诗一首：'更休落拓耽杯酒，且莫猖狂爱咏诗，如今捉将官里去，这回断送老头皮。'"生性豁达的苏轼，即使大难临头也不忘幽默一把。

八月十八日，苏轼被押解到京城，投入到御史台监狱。主审人御史中丞李定曾与苏轼结下私怨，此次更是伺机报复。

当初李定因生母死未服丧，受到众人鄙视，司马光骂他"禽兽不如"，苏轼亦写文讥讽他的不孝行为和恶劣品质，虽然经事后查证，李定确实有所冤枉，但李定作为变法的坚定支持者，对于反对变法的人来说他们并不在乎李定是否被冤枉，只需要将罪名安给李定，打击变法派即可。

当时的苏轼并不知道事情的真相，但作为文坛领袖，他的这篇文章影响巨大，几乎直接断送了李定的政治生命，最后在王安石的力保之下，李定才得以脱逃。在儒家文化为尊的宋朝，自古忠孝一体，不孝之人，如何尽忠？

有时候，杀死一个人并不需要取他的性命，只要夺走他的梦想即可。因此，事隔多年，李定始终未忘心头之恨。

且苏轼在徐州任职时，李定的儿子慕名前来拜访，苏轼循惯例宴请了他，让李定的儿子误以为苏轼很喜欢他，因而起身求推荐信。苏轼佯装答应，之后又与他人闲谈其他事情，而李定儿子一直呆站在一边。

突然间苏轼问他："相面之人有言，唇长一寸便可长命百岁，可有此一说？"李定儿子怔了一下回答道："未听说。"苏轼笑道："果如此言，彭祖好一个呆长汉！"李定儿子听后惭愧而逃。此前的种种恩怨，都为苏轼接下来一连数日的"根勘"审理、受尽非人折磨埋下了祸根。

在御史台，苏轼被单独关在了一个阴暗狭窄的地方，几乎是伸手投足间就要撞上墙壁，脚下的地还不如一床席子大，头上只开了一扇天窗，每日只能蜷缩着休息。如果说恶劣的环境已让苏轼苦不堪言，那么接下来的精神折磨更是让苏轼生不如死。

李定等人拿着搜集到的诗词及同亲友王诜、苏辙、范镇、张方平、李常等人来往的书信，揪着苏轼一条条地问，中间还夹杂着辱骂、殴打，昼夜逼供，真是"诟辱通宵不忍闻"，但苏轼毕竟不是一般犯人，他们不敢危及其性命，纵使用尽手段，也未能让苏轼完全认罪。

最后，无计可施的李定等人强加给苏轼"四大罪状"："一是被贬而不知悔改；二是语言狂悖，不遵祖宗训诫；三是鼓动舆论，不服宋神宗的命令；四是诋毁宋神宗，煽动天下人变法。"所以当论大罪，处以极刑，请求宋神宗处死苏轼。

此时，已在监狱经受百般煎熬的苏轼，内心已十分脆弱，一日数惊。

在等待最后判决的日子里，儿子苏迈每天去监狱给他送饭。父子二人暗中约定：平时只送蔬菜和肉食，如果有死刑判决的坏消息，就改送鱼，以便心里早做准备。

一日，苏迈因银钱用尽，须出京去借，便将为苏轼送饭一事委托亲戚代劳，却忘记告诉亲戚暗中约定之事。偏巧亲戚那天送饭时，给苏轼送去了一条熏鱼。苏轼一见大惊，以为自己凶多吉少，心境更是跌入谷底，于是给苏辙写下两首诀别诗《狱中寄子由二首》：

其一：

圣主如天万物春，小臣愚暗自亡身。
百年未满先偿债，十口无归更累人。
是处青山可藏骨，他年夜雨独伤神。
与君世世为兄弟，更结来生未了因。

其二：

柏台霜气夜凄凄，风动琅珰月向低。
梦绕云山心似鹿，魂飞汤火命如鸡。
眼中犀角真吾子，身后牛衣愧老妻。
百岁神游定何处，桐乡知葬浙江西。

苏轼料到狱吏不敢私传信件，因此也想借助此诗向神宗求情。这两首诗是苏轼在狱中的“绝命诗”，出自肺腑，无暇雕琢，而自有感人的力量。

诗作完成后，狱吏按照规矩，将诗篇呈交神宗皇帝。宋神宗本就欣赏苏轼的才华，并没有将其处死的意思，只是想借此挫挫苏轼的锐气。读到苏轼的这两首绝命诗，也十分感动。

就在新党人步步紧逼之时，朝堂之上救援苏轼的行动也迅速展开了。弟弟苏辙自苏轼入狱后就连连上表神宗，奏请朝廷赦免兄长，自己愿意舍弃一切官位为兄长赎罪。

已退休在家的张方平也写下亲笔信，派儿子张恕连夜进京营救。丞相吴充也向神宗直言：“陛下认为曹操如何？”神宗说：“曹操没什么好说的。”吴充又说：“陛下以尧舜为榜样，自然看不起曹操。曹操猜忌心极重，但还能容忍祢衡这样的狂人。陛下难道还不能容忍苏轼吗？”神宗听后有所触动，连忙解释道：“我没有别的意思，让苏轼下狱只是想辨明是非，还是准备放他走的。”

不但与苏轼政见相同的许多元老重臣纷纷上疏，连一些变法派的有识之士也劝谏神宗不要杀苏轼。

变法派章惇为了营救苏轼，不惜与宰相王珪翻脸；王安石的弟弟王安礼也替苏轼说话，他给神宗上奏：“自古以来，大度的贤君都不会因为臣子说事而杀人，现在陛下要杀苏轼，天下人会以为您容不下人才。”

神宗叹了口气说：“我也不想深究，准备赦免苏轼，但你不要声张，免得那些言官弹劾你。”但神宗始终未下定决心释放苏轼。

恰在此时，出现了乌台诗案中最大的转机，一是罢相闲居金陵的王安石闻说此事后上疏劝诫神宗：安有盛世而杀才士乎？王安石从宋神宗角度出发，这是盛世，神宗是圣君，绝不能做杀戮人才之事，不然会败坏名声，基本点醒了神宗；二是神宗的祖母的意见，那时她已病重，看到神宗整日愁眉不展，明白是苏轼之事乱了神宗心神，因此对神宗说道：“仁宗皇帝在世时，常以科举纳入苏轼、苏辙两兄弟颇感欣慰，以为‘吾为子孙得两宰相’，听说苏轼因诗下狱，估计是被小人恶意中伤所致，不会有大过错。我现在已经病了，就不要再制造冤狱，伤了我的福气。”说完流下泪来。

神宗很孝顺祖母，听她这么说，赶紧回答：“我要大赦天下，为祖母祈福。”太皇太后摇了摇头说：“不须赦天下凶恶，放苏轼一人足矣。”由此，正好给了神宗一个释放苏轼的台阶和理由。

在众人的营救下，外加北宋“不得杀士大夫及上书言事人”的国策，最终苏轼在乌台监狱被关押了一百零三天后，于元丰二年（1079）十二月获释出狱。

乌台诗案后苏轼被贬为黄州团练副使，其他被牵连人员如驸马王诜被削除一切官爵；王巩被发配西北；苏辙虽未受到严重的毁谤，但因连带关系，仍遭受降职处分，被调到高安，任筠州酒监；张方平、司马光和范镇等人也都被处以罚金。这场牵连苏轼三十九位亲友、一百多首诗的大案就这样落下了帷幕。

第二节 离风近一点

经历了乌台诗案后，苏轼仿若历经一梦。作为政治家的苏轼在这场政治斗争中几乎跌入谷底。

元丰二年（1079）除夕前夜，苏轼从乌台监狱被放了出来，阴冷的天空夹杂着片片雪花，当雪花飘落在苏轼身上时，他恍然间感受到了重生的自由和力量。

入狱百日，恍若隔世，感慨之余他作了《十二月二十八日，蒙恩责授检校水部员外郎黄州团练副使，复用前韵二首》：

其一：

百日归期恰及春，余年乐事最关身。
出门便旋风吹面，走马联翩鹊啅人。
却对酒杯疑似梦，试拈诗笔已如神。
此灾何必深追咎，窃禄从来岂有因。

其二：

平生文字为吾累，此去声名不厌低。
塞上纵归他日马，城东不斗少年鸡。
休官彭泽贫无酒，隐几维摩病有妻。
堪笑睢阳老从事，为余投檄向江西。

从这两首诗中，着实能看出苏轼个性的旷达，对种种牢狱之苦，出门后几乎马上忘却。对身后那些卑鄙险恶小人，他也能置之不理，不去探讨因果。

历经此事，他明白自己名声太大，官位太高，涉政太深，内心已不敢再越雷池，只愿求得安稳，度过余生。也许正是因为有了这个觉悟，苏轼才能在严酷的审讯中保全自己，历尽磨难却终得解脱。

这场牢狱之灾让苏轼对政坛恶斗心灰意冷，开始反思自己的文字理想和政治抱负。乌台诗案之前，苏轼是一个锐意进取的豪迈志士，他热衷仕途，充满正气且非常凌厉，想要在政坛上有所作为，积极参与朝政的种种纷争，喜欢针砭时弊，打得小人显形、帝王心惊，即使怀才不遇，他也一直怀揣着“致君尧舜上，再使风俗淳”的渴望和梦想。

乌台诗案之后，苏轼对“言多必失”四个字深有体会，他不再恣意潇洒，为了防止诗文招罪，尽量不写诗文；为了提防政敌再寻事端，尽量不与人往来，甚至为了避免会见生疏之人，多次称病谢客，至于仕途，他也一度陷入绝望，悲叹“圣主如天万物春，小臣愚暗自亡身”。

元丰三年（1080）正月初一，春寒尚未退却，汴京城里张灯结彩，爆竹喧天，当千家万户都在喜迎春节的时候，苏轼在儿子苏迈的陪伴下，在漫天风雪中踉踉跄跄踏上了前往黄州的路。

黄州虽远，却给了苏轼重新定义自己的机会。前路迷茫，苏轼不知道等待自己的将是怎样的命运，他也不会想到，天高地远的黄州，将成为他人生的转折之地，从此他不再只是为国为民的苏学士，更是一位伟大的文学家东坡居士。

苏轼和儿子在路上整整走了一个月，终于在二月初一到达了黄州。虽然神宗下旨“责授苏轼为检校尚书、水部员外郎，充黄州团练副使，本州安置，不得佥书公事”，名义上苏轼仍为官员，但实际上团练副使在北宋时期时常用来安置贬降官员，其实就是被扔到地方上监视居住。

因此，刚到黄州之时，按例官府是不给苏轼提供居住之所的，父子二人连落脚之地都没有。

多亏当时定慧院（在宋朝黄州城东门）的方丈施以援手，将院中一间无人居住的小屋暂借苏轼父子，才让初到黄州的父子二人有安身之所。苏轼虽人已远离京师，但此前的余惊尚未退去。

在寺院暂居的日子里，他经常闭门不出，谢绝来客，生活十分寂寞。被贬黄州之后，平生亲友，无一人来信，即使苏轼写信给他们，也收不到任何回复。他时常深夜从梦中惊醒，在彻骨的孤寂中，苏轼写下了一首《卜算子·黄州定慧院寓居作》：

缺月挂疏桐，漏断人初静。时见幽人独往来，缥缈孤鸿影。

惊起却回头，有恨无人省。拣尽寒枝不肯栖，寂寞沙洲冷。

这首词，苏轼借月夜孤鸿这一形象托物寓怀，抒发了他初来黄州时的孤高、凄清、寂寞的情绪，表达了他孤高自许、蔑视流俗的心境，亦是他贬谪生活中的苦闷、孤独心理的写照。

毗邻定慧寺的是安国寺，在定慧寺的日子里，苏轼能清楚地听到安国寺传来的晨钟暮鼓，于是苏轼走进了安国寺，此后每隔一两天，苏轼就去安国寺焚香沐浴、静坐参禅，借以深自省察，兼以洗荣辱。

他对生命有了深刻的观照和反省，面对逆境，他变得更加坦然，没有了刚来时的焦虑和无助。他开始在自然中发现美，在逆境中寻求生活的乐趣。在寺院的日子里，苏轼父子每日随僧蔬食，饮食甚为清淡。

但苏轼这张嘴，除了能言之外，还很会吃。在三面环江的黄州，苏轼嗅到了鱼鲜笋香，“长江绕郭知鱼美，好竹连山觉笋香”成了苏轼对未来生活的憧憬，他渐悟到自己要去适应环境，而不是被环境所吞噬。

然而，正当苏轼一点点地摆脱内心的困惑时，生活的困境却对他步步紧逼。

元丰三年（1080）四月末，弟弟苏辙在上任筠州之前将苏轼一家老小二十余口安全地护送到了黄州。人口众多，自是不能再借居在定慧寺了，当时十分景仰苏轼的黄州太守陈君式为人正直、宽宏大量，不惧苏轼受贬，对苏轼加以特殊照顾，于是把苏轼一家安顿到长江岸边的一个废弃的官府驿站临皋亭，作为暂居之地。

为表示对陈太守优待的感激以及暂有所居的确幸，苏轼写下了《迁居临皋亭》（节选）：

归田不待老，勇决凡几个。
幸兹废弃余，疲马解鞍驮。
全家占江驿，绝境天为破。

临皋亭虽略显破旧，但三面环水，数步之下，便是长江，且水源大半是流自岷山与峨眉山上的雪水，清澈甘冽，苏轼一家饮食沐浴均来此取水，生活还算便利。

不需要签署公事，苏轼也乐得自由。迁居临皋亭后，他时常倚栏观江，欣赏江天景物，若遇到晨风暮雨，更有一番奇妙的景致。

一个暮春夕阳斜照的傍晚，当苏轼与家人坐在江边的亭内赏景小酌时，遇上了短暂的春雨，瞬间水天一色，东风骤起，绿影摇曳，苏轼看到这开阔壮丽的景色，即兴作下《南乡子·黄州临皋亭作》：

晚景落琼杯，照眼云山翠作堆。认得岷峨春雪浪，初来，万顷蒲萄涨渌醅。

春雨暗阳台，乱洒歌楼湿粉腮。一阵东风来卷地，吹回，落照江天一半开。

全词以“春情”为题，视野开阔，跌宕回环。它不仅描绘了美丽的自然风光，还渲染了崭新的生活色彩，说明此时的苏轼已不似初到时的孤独彷徨了，他慢慢融入到了黄州的生活之中，随缘自适。

生活不仅要有诗和远方，也要过好眼前的苟且。即便是一身诗意的苏轼也终要承担起养活一家子的重担。黄州地处长江中游北岸，山清水秀，风景如画，但在北宋时还属于偏远落后之地。

苏轼虽带着黄州团练副使的官职去的，但实质上却是黄州官府代为看管的犯官。按照朝廷的规定，贬谪的犯官只有一份微薄的实物配给，没有正常的俸禄薪水。

他在给章惇的书信中曾这样写道：“黄州僻陋多雨，气象昏昏也。鱼稻薪炭颇贱，甚与穷者相宜。然轼平生未尝作活计，子厚所知之，俸入所得，随手辄尽。”

但面对经济窘境，苏轼并没有去寻求亲友的施舍和相赠，毕竟因为乌台诗案的牵累，关系密切的亲友都受到了不同程度上的经济处罚。他只能另想办法。首先要缩减生活开支，不然花销真成了问题。为了用有限的积蓄把日子过下去，苏轼只能量入为出。

他将妻子离京前变卖的家产换成了铜钱，每月初取出四千五百钱分成三十份，每份一串分挂在住所屋梁的三十颗铁钉上，每天早上用画叉挑下一串做当天的生活费。每天只有一百五十钱，多亏黄州还比较穷苦，物价相对来说也低很多，当时米价约二十钱一斗，苏轼一家日用米约二斗，每天需要米钱约三四十钱，剩下一百余钱用来买菜买鱼买肉。如果当天还有用不完的钱，就用竹筒存起来，以备不时之需或招待宾客。

但家中所剩钱财毕竟有限，如果没有收入，支撑不了太长时间。所以在节流的同时，必须想办法开源。

而也就在此时，苏轼的一个超级崇拜者马正卿的到来，为他解了困局。当得知苏轼以戴罪之身被贬黄州后，马正卿不辞辛苦千里迢迢地前来探望他。看到苏轼家眷众多，粮食费用紧缺，他就出面找到继任黄州太守的徐君猷，向其说明了苏轼面临的窘境，家庭困难，能否给他申请一块无主之地种种东西。

徐君猷也十分敬重苏轼的才华，当即就爽快答应下来，将黄州城内东缓坡上一块废弃的军营房划给苏轼无偿使用。

马正卿向官府请领的这块地，让苏轼一见倾心。这本是一块无名之地，因为它位于城东，苏轼便以“东坡”命名，自号“东坡居士”。

“东坡”之名的灵感来源于白居易。白居易在四川忠州任刺史时，也是在东门之外有一块缓坡，于是就在城东缓坡上种花栽树，感叹今生，称该地为东坡。苏轼仰慕白居易的诗文人品，感慨自己的坎坷经历，于是也将这块田园戏称为“东坡”。

刚到东坡时，这片荒地上布满了荆棘瓦砾，杂草丛生，苏轼不得不带领全家老小开始垦荒之路。他首先烧掉了枯草，火在荒原上熊熊燃烧起来，荒地上竟然露出一口暗井，那是来自上天的恩赐，灌溉的问题迎刃而解；接着他又和家人在烧完的荒地上清除瓦砾，刈割荆棘，深挖细整，终于整理出了五十亩田园。

但刚垦出来的荒地还十分贫瘠，苏轼只能先听从邻里老农的建议，种上大麦，因为大麦对土地的墒情要求不高。躬耕于农田之中，苏轼买了一头黄牛，还有锄头、镰刀之类的农具，这是他转身农民的笔墨纸砚，只是这一次不是为了审美，而是为了生存。

当地的农民对苏轼都怀有极大的善意，当苏轼在田里劳作时，一个农夫跑过来告诉他：“你这块地要想丰收哇，可得让牛羊啃一啃麦苗哇，不然麦苗长得太好，就会把地里的肥力拔没了，来年你这庄稼可就长不好喽。今年哪就得让牛吃牛踩，把苗压下去。”

苏轼听后深以为然，就按照老农的话做了，果然如老农所说，第二年丰收时节，自家的田野上是长势喜人的待收果实，成熟的大麦黄澄澄地映入满眼，景象十分诱人。辛勤劳作，在这片曾经瓦砾密布的荒野之上，苏轼迎来了麦穗金黄的季节，欣喜写下了《东坡八首（其五）》：

良农惜地力，幸此十年荒。
桑柘未及成，一麦庶可望。
投种未逾月，覆块已苍苍。
农夫告我言，勿使苗叶昌。
君欲富饼饵，要须纵牛羊。
再拜谢苦言，得饱不敢忘。

首战告捷的苏轼信心倍增，之后更是一边查阅农书，一边请教当地农民，全身心地投入到了农业生产中。养好土地墒情后，他开始因地制宜种植一些蔬菜瓜果自用，“春食苗，夏食叶，秋食果，冬食根”，几经劳作，苏轼一家终于在生活上能够自给自足了。

虽然生活上的困顿得以解决了，但精神上的寂寞依旧还在。毕竟乌台诗案带来的打击还没有从苏轼的心中淡化，而黄州也还没有成为苏轼新的精神家园。

鉴于混迹官场的诸多教训，苏轼到达黄州之后，不接人事，少作诗文，与亲友也甚少通信往来。即使有同亲友通信以及赠和诗文时，他也唯恐“言语之间，人情难测”，总是一再叮嘱对方“勿以示人”“深藏不出”，生怕“好事者巧以酝酿，便生出无穷事也”。

他的“多难畏人”，让他远远避开了他所深爱的亲友学生，以免连累他人，且数月以来也极少有人登门造访。

日子就这样一天一天地过去了，转眼间，到了中秋佳节。

但除了长子苏迈外，其他故友良知却无一人能够共聚把酒言欢。

苏轼一人独坐廊边，已是深秋时分，一阵秋风吹来，树叶零落，在回廊上沙沙作响，夜凉如水，月色清冷。身在异乡的苏轼独自把盏，回忆过往，历历在目，又似一场虚无的梦，在清寒孤灯下，一首《西江月·世事一场大梦》倾泻而出：

世事一场大梦，人生几度秋凉。夜来风叶已鸣廊，看取眉头鬓上。

酒贱常愁客少，月明多被云妨。中秋谁与共孤光，把盏凄然北望。

这是苏轼被贬黄州后过的第一个中秋，此时的苏轼已人到中年，须臾半生，人生短促，壮志难酬。此时所处的境遇，只能让苏轼感世道之险恶，悲人生之寥落。

即使对小人当道愤懑不已，对国家大事殚精竭虑，对朝廷抱有希望，那又能如何，到头来也不过几度秋凉。

跟随父亲一路走来的苏迈，此刻也能体会到父亲内心的悲凉。看着独饮神伤的父亲，他默默地从屋内拿出了一件长衫，走到父亲身后，给父亲披上。

他双手扶着父亲的肩，看着父亲头上渐生的白发，内心也凄苦不已。这双肩曾担起了为民请命的重任，如今却变得如此单薄，自己的父亲为百姓所爱戴，却被朝廷所不容，一场乌台诗案，差点生离死别。经历了种种，苏迈也体会到了世事艰难，人心险恶，世态炎凉，他也明白父亲内心难耐的孤寂落寞和不被世人理解的苦痛凄凉。面对现状，年轻的苏迈也无能为力，他现在能做的就是照顾好父亲，让父亲不再有任何闪失。

他转身走上前，扶着父亲说道："夜凉了，父亲也早些回屋吧。您若受了风寒，儿子和母亲还有弟弟们都会担忧的。"

微醺的苏轼知道儿子的担心，这些年来，因为自己的一贬再贬，儿子也没少跟着担惊受怕，特别是这次的乌台诗案，也让儿子数日之内经历了大起大落，内心深处对儿子终觉愧疚。

他拉住苏迈的手，缓缓说道："迈儿，为父这么多年，恣意妄为惯了，祸从口出的事情也做过太多，但江山易改本性难移，不知哪一天因为这张嘴，我又会再遭大难。你们要以我为戒，谨言慎行。我被聪明误了一生，只愿你们无灾无难到公卿。"

苏迈明白父亲的苦心，但此时的他早已将荣辱看淡，于是宽慰父亲不要再多虑了。苏轼知道自己的儿子性格方面更像他的生母王弗一些，为人处世方面机敏沉稳、理性镇静，不似自己心无城府，张扬外露，总是招致灾祸，但拳拳爱子之心还是让苏轼忍不住对苏迈语重心长起来。

听完儿子之言，苏轼也安心了不少，于是在苏迈的搀扶下，父子二人一起回屋休息去了。

谪居黄州的这几个月，苏轼的精神上还是带有一种落寞的失意，即便在黄州生活的后期，苏轼的心境发生了巨大变化，但这种变化也并非一蹴而就的。

世事的风雨沧桑，草木的万千变化，在黄州都被收纳进了苏轼的生命里。假若他不曾遭遇“乌台诗案”，假若他不曾躬耕东坡，心境必然大大不同。不经历那些痛苦与折磨，他不会知道“也无风雨也无晴”，竟是让人喜悦！

第三节
笑骂由人，苦中作乐

大概是经历过由死到生的转变，或许也是看破了人生，苏轼反而豁达起来，学会了苦中作乐，从他那首《临皋闲题》便知一二。“临皋亭下八十数步，便是大江，其半是峨眉雪水，吾饮食沐浴皆取焉，何必归乡哉。江山风月，本无常主，闲者便是主人。闻范子丰新第园池，与此孰胜？所不如者，上无两税及助役钱耳。”

临皋亭八十步外，便是大江一条，涛声拍岸，奏出来美妙的乐章。此江中之水，半数是峨眉山中之雪融化而成，苏轼一日三餐，沐浴洗衣，喂马浇菜，皆是取其江中之水。苏轼本是四川人，虽身处黄州，却用上了故乡之水，便解了他的思乡之情，又何必非要回到故乡呢？江山风月，本无常主，他这闲下来的人，便去做它的主人吧。听说他的亲家范子丰新建府邸家园，不知道与他相比，谁更加快活呢？这自然是苏轼处处胜之，不如他的，大概唯有他不用缴税罢了。

此时黄州的猪肉较为便宜，苏轼一家还是吃得起，可天天吃猪肉，也是腻人得很。于是苏轼便想方设法，变着花样煮猪肉，于是流传至今的“东坡肉”就此诞生。邻居们心好，时常给苏轼送来点心酒水，苏轼文人习气顿起，直接给点心取名为“为甚酥”，给酒命名为“错着水”。生活虽然苦，但还是得有颗有趣的心。毕竟顺风顺水的人生千篇一律，有趣的灵魂万里挑一。

闲暇时分，苏轼乘舟渡江，找寻好友王齐愈（字文甫）、王齐万兄弟，诗文合唱，把酒言欢。同是天涯沦落人，三人皆是仕途坎坷，同病相怜，自然有聊不尽、道不完的话。有时候，落寞文人的抱团取暖，碰撞出的火花，也是别有一番风味。有时一连几日，风涛阻拦，无法渡江，王家兄弟便杀鸡炊黍，热情款待苏轼。有酒有兄弟，足以慰风尘了。

王齐愈的儿子王禹锡是苏轼书法的粉丝，有事没事，便要请苏轼挥毫。苏轼来者不拒，端起手中笔，才如泉涌，下笔有神，片刻便将一篇短文写好。

> 王十六秀才禹锡，好蓄余书，相从三年，得两牛腰。既入太学，重不可致，乃留文甫许分遗，然缄锁牢甚。文甫云：“相与有瓜葛，那得尔耶？”

王文甫在车湖有处书斋，名为“达轩”，内藏古旧图书无数。苏轼每次来到车湖，必然要进入“达轩”读书静心，写字作画，抒发心情。以下这篇书评，便是苏轼在达轩所作：“唐末五代文章卑陋，字画随之。杨公凝式笔为雄，往往与颜、柳相上下，甚可怪也。今世多称李建中、宋宣献。此二人书，仆所不晓。宋寒而李俗，殆是浪得名。惟近日蔡君谟，天资既高，而学亦至，当为本朝第一。”

苏轼指点江山，书斋论英雄，当真豪气干云。

一日，好友僧人清悟来到黄州探望苏轼。苏轼心中欢喜，拉着好友过江找王齐愈兄弟，一同泛舟游车湖。酒过三巡，气氛起来后，王齐愈聊到自己曾花了五千钱，买得陈归圣的篆书一张以及两块端砚。苏轼听完，呵呵一笑，你这摆明了是买贵了，就那点东西，也值五千钱？于是当下开口，提出自己每天写一两张篆书，找王齐愈典当三百文即可。

王齐愈欣然答应，随后看了清悟一眼，不约而同地笑了起来。苏轼眼见可以挣钱补贴家用，微微一笑，趁热打铁要与王齐愈立下字据，于是写了一篇文，以戏此事：

> 王文甫好典买古书画诸物。今日自言典两端砚及陈归圣篆字，用钱五千。余请攀归圣例，每日持一两纸，只典三百文。文甫言：“甚善。”川僧清悟在旁知状。

文人爱饮，自古皆是，大文豪苏轼也不例外。一日，苏轼酒虫上脑，顺着酒香，横江寻友，来到了王文甫的家中。好友拜访，当浮几大白。王文甫亦是豪爽之人，当下拿出自己酿造的美酒，款待好友。

酒气飘香，清风爽面，知己在侧，苏轼心情大好，大醉。杯酒醉人，清风醉人，翠叶醉人，万物皆醉人。此情此景，倘若不赋词一首，当真浪费。于是乎，苏轼抬腿迈步，抚须凝神，沉吟片刻后，他提笔挥墨，洋洋洒洒写下了《定风波·雨洗娟娟嫩叶光》：

雨洗娟娟嫩叶光，风吹细细绿筠香。秀色乱侵书帙晚，帘卷，清阴微过酒尊凉。

人画竹身肥拥肿，何用？先生落笔胜萧郎。记得小轩岑寂夜，廊下，月和疏影上东墙。

王文甫家境殷实，可总是去王府蹭酒喝也不妥呀，苏轼好歹也是一代文豪，这点人情世故还是懂的。酒瘾难耐的时候，苏轼就会去另外一个聚餐喝酒的大本营——樊口的潘丙酒家。

苏轼乘舟下樊口，轻车熟路，来到潘丙酒家门口。看到随风摆动的旌旗，闻着美酒的香味，苏轼不由得心情大好，思绪不知不觉回到了刚来黄州的时候。

初来黄州，熟人并不多，苏轼官场失意，心情自然不太好，也无人可诉说心中愁苦。一日，几位潘姓客人带着鲜鱼，拎着美酒，前来拜见苏轼。有朋自远方来，不亦乐乎。苏轼性豪爽，喜交朋，当下便与潘家兄弟熟络起来。

仔细探听后，方知其中一人，名叫潘丙，也曾是读书人，只是屡科不中，止于解元。于是他便在樊口开了酒坊，雇了几个伙计照看，自己则常年来往于樊口与黄州之间。潘丙得知苏轼被贬来到黄州，倾慕其才名，是故前来拜访，欲一睹苏轼风采。

苏轼眼见潘丙亦是至情至性之人，端起酒杯，便与之痛饮。随后又与之谈论诗词歌赋，潘丙胸有墨水，对答如流。苏轼欣喜万分，酒逢知己饮，诗向会人吟，说的正是如此。从那以后，二人成为知己好友。闲暇时分，苏轼便会渡江至樊口，来到潘丙酒家，与潘丙把酒赋诗，谈风诵月。

苏轼迈步进入酒家，明眼小二熟稔地领着他去到雅座，然后恭敬地端上他喜欢的美酒与下酒菜。不多一会儿，潘丙便笑着赶了过来，一如既往地与苏轼推杯交心。快乐的时光，总是消逝得太快，不知不觉，已是夜幕，苏轼便留宿在酒坊之中。

午夜时刻，江风吹拂，苏轼酒醒了大半，翻身而立，下意识地望出窗外。但见月色朦胧，遥挂中天，江上渔火，忽明忽暗。苏轼默然想起了十多年前，他初到樊口的情景。

那一年，苏轼58岁的父亲苏洵在京师开封病逝，留下了未完成的《易传》，以及悲伤的苏家兄弟。父亲病逝的前一年，苏轼27岁的爱妻王弗便抛下了他，独自离开了这个世界。按照惯例，苏轼准假回乡守制。于是他和弟弟苏辙一道扶柩回乡，安葬亡父与亡妻。他们一行人从开封出发，由汴水入淮河、长江，再溯江而上，来到武昌樊口，落帆歇脚。这是苏轼第一次来到樊口，利用停帆休息的机会，两兄弟游览了樊口附近的风景，领略了长江与樊水交汇处的奇景，也欣赏了其他的樊口人文景观。

想不到转眼已经过了十多年，物是人非，樊口还是那个樊口，苏轼却不是当年的苏轼了。岁月在他的脸上打磨出了不一样的光芒，他也被贬到与之不远的黄州，弟弟苏辙与他也是天南海北，各处一方。想到此处，苏轼不由得叹了一口气。月亮之所以朦胧，是不是也因为寂寞，所以在擦拭自己的眼泪呢？

时间是打败苦难的一味药剂，或许是逐渐习惯了远离高位的日子，苏轼的心中已经逐渐平淡起来，淡然处世，淡然看物，笑看花开花落，淡看云卷云舒。

就像他的妾室朝云评价的："先生现在真的是别作经画，水到渠成，不须预虑。以此胸中都无一事了。"此刻的苏轼，心中无尘，天下无物可扰其心境。荣华富贵，扬名天下，高官厚禄，又算得上什么呢？

百年之后，莫不是一堆黄土，二尺小坡。一切不过是过眼云烟，或许活在当下，认真地生活，快乐地去享受生活，才是自己应该做的。岁月将苏轼的失意与辛酸，全部隐藏了起来，留给我们一个勤劳、伟大、乐观、崇高的背影。

黄州，是苏轼生命里的一座城，与之相处的四年时光里，苏轼完成了自己的蜕变。从前的他，一帆风顺，也曾金榜题名，名动京城，"一日看尽长安花"，是天下才子佳人倾慕的对象。如今的他，历经磨难，心境变了，成了一个传奇的才子。

在黄州，他创作了"天下第二行书"的《寒食帖》；他写下了千古雄文《赤壁赋》，使得黄州赤壁的美名扬古今；他唱出了“大江东去，浪淘尽、千古风流人物”的万丈豪情；他用“人生如逆旅，我亦是行人”这句话，传递他对生命的思考与探索。

黄州不知不觉，已成为苏轼一生的羁绊。因为那里有他留下的足迹，有他的知己好友，有他目睹过的春花秋月和欣赏过的夏木冬霜，有他的四载光辉岁月。

匆匆一生，有多少个四年，又还剩多少个四年呢？苏轼成就了黄州的名声，黄州装扮了苏轼的才情，他们相辅相成，成为各自不可分割的一部分。

第四节
人生行至窄处

苏轼在黄州的几年里，为了生计，开荒地，建茅屋，自给自足，虽然清苦，却也无拘无束，悠然自得。

看着雪堂墙壁之上自己的亲笔画，苏轼十分满意，有山有水，有花有草，有风有月，于草屋中读书写字，幸甚至哉。墙上的风景，皆是苏轼就地取材，将身边所见之景一笔一画勾勒描绘出来的。如有鸿儒之客，约之来雪堂之中，谈古论今，舞文弄墨，好不快活。

雪堂之外，苏轼亲手种下一棵柳树，春风拂动，细柳飘飞，乱了山色，伴了岁月。不远之处，是邻里帮忙，众人合力挖凿出来的水井。夏日黄昏，放下水桶，转动轱辘，打上一桶清凉的井水，一饮而尽，冰爽从口蔓延至五脏六腑，将酷热一扫而空。

不远之处，是自己开垦出来的稻田，秋风吹至，金黄色的稻浪不断翻涌滚动。眼前的累累硕果，让苏轼暗自松了一口气，毕竟这方稻田的口粮，又可以供家人吃上一阵了。

稻田的旁边，是家人种的蔬菜，冬天雪飘，落在菜叶之上，绿白相间，大自然这个画家，怕苏轼寂寞，送给了他一幅冬日雪景画。

朋友也曾送过他几株茶树，苏轼便将其种在了菜园旁。天气回暖之时，茶叶发芽，采摘些许，拿回屋里，用铁锅细炒烘干，自制茶叶。午饭之后，将茶叶取出，用开水浸泡过滤，再加入开水浸泡，一壶清香的春茶成功出炉。一边看书，一边喝茶，亦是潇洒人生。

邻居家的院子里，种养了大片竹林，夏风自山中来，吹得竹林飒飒作响。苏轼喜欢来到邻居家的竹林里，坐在石凳上，与邻居喝茶，静听竹下风。

阳光透过茂盛的竹林，在地上打出斑驳的影子，像雪地鸿爪，似小鸭从地上走过留下的印记。风过竹丛，蝉鸣不止，二者合力奏出美妙的自然乐章。

苏轼逐渐享受和喜欢这样的田园生活，如同当年的五柳先生，淡泊名利，不为五斗米折腰。但较之陶渊明，苏轼似乎更加平民化。因为苏轼事事都亲力亲为，比如开荒垦地，种禾收稻，建房挖井，做饭烧菜，他都玩出了水平。

反观陶渊明，完全就是体验生活，打着隐居的旗号，过着地主般的悠然无虑生活。

或许厉害的人，无论做哪一行，都能取得非凡的成绩吧。苏轼毫无疑问是举国闻名的大文豪，但他务农建房，也是个好手，甚至做饭做菜，亦是不凡，东坡鱼、东坡肉便是他的杰作。看来，他不仅是文坛大家，还是一流的农民，一流的厨师。三百六十行，行行出状元，苏东坡若是涉及其他行，或许会诞生出更多的新鲜玩意儿。

南望山丘，北顾微泉，苏轼不由得想到陶渊明了。或许只有数百年前的他才与自己一样，懂得隐居田园生活的乐趣，明白“久在樊笼里，复得返自然”的快乐，两个人超越了时间与空间，成为知己好友。于是苏轼诗兴大发，提笔便写道：

江城子·梦中了了醉中醒

陶渊明以正月五日游斜川，临流班坐，顾瞻南阜，爱曾城之独秀，乃作斜川诗，至今使人想见其处。元丰壬戌之春，余躬耕于东坡，筑雪堂居之，南挹四望亭之后丘，西控北山之微泉，慨然而叹，此亦斜川之游也。乃作长短句，以《江城子》歌之。

梦中了了醉中醒。只渊明，是前生。走遍人间，依旧却躬耕。昨夜东坡春雨足，乌鹊喜，报新晴。

雪堂西畔暗泉鸣。北山倾，小溪横。南望亭丘，孤秀耸曾城。都是斜川当日景，吾老矣，寄余龄。

片刻之后，词歌已成，苏轼将其念了一遍。随后兴奋地叫来家人，一同欣赏此曲。一家人欢聚一堂，有人大声唱了起来，有人兴奋地打着拍子，有人欢快地舞了起来，有人端出美酒静静地品尝。

还有的人，则端出坛子里腌制的酸萝卜，用来做小点心。家虽不大，却处处洋溢着热闹欢快的氛围，虽远离朝堂，却拥有了难得的宁静。塞翁失马，焉知非福？

看着雪堂墙面上的空白之处，苏轼心血来潮，提笔便在其墙壁和门板上写了三十二个大字，日夜观看，三省自身。

出舆入辇蹶痿之机。
洞房清宫寒热之媒。
皓齿峨眉伐性之斧。
甘脆肥浓腐肠之药。

香车宝马，豪宅楼宇，美女情欲，甜食脆物，肥肉烈酒，凡此类种种美好，过多享受，反而影响自己的心境，伤害自己的身体。正所谓磨刀恨不利者，刀利伤人指，求财恨不多，财多害人指。苏轼在时刻提醒自己，保持自己的清洁自律的心。

能够自律的人，或许才会体会到自律带来的快乐。在繁闹喧哗的世间，保持着自己独有的宁静，好似那出淤泥而不染的莲花，让人远观而不敢亵玩之。

虽然一切皆好，然夜深人静，月挂中天时，翻身转醒的苏轼，莫名地黯然神伤。他想起了恩师欧阳修的一首诗，特别适合现在的自己：

梦中作

夜凉吹笛千山月，路暗迷人百种花。

棋罢不知人换世，酒阑无奈客思家。

时光飞逝，物是人非，自己沧桑巨变，仕途失意，想要借酒消愁，却解不了思念故乡的愁绪。加上苏轼目睹了黄州一些不幸的百姓，因为贫寒，他们无法养活自己的孩子，在孩子出生后便将其溺死，他感到震撼与痛心。此时的苏轼才知道，相对于普通的百姓，他已经幸运得多了。

于是他想要为当地的百姓做一些事情，虽然官微言轻，但他还是想努力一把，毕竟人命关天，溺婴的人伦惨剧，足以让天地变色。

苏轼写了一封书信给当地的太守，请求政府的援助。随后他还组织号召昔日的好友，募捐筹款，成立相关组织来专门帮忙救助婴儿。救人一命胜造七级浮屠，或许是苏轼的善意，感动了名流富豪，富人们纷纷慷慨解囊，用来支持苏轼。

苏轼将收到的善款统一交给专人管理，统一做好付款记录。有的钱用来买柴米油盐，有的钱用来买布买被，一项项支出，合理且有明细，来源去向纷纷记录在案。

有时苏轼还会领着朋友，跋山涉水来到乡村，调查即将临盆的妇女，告知只要其愿意抚养孩子，会给其提供钱粮，以此减轻其负担。

苏轼虽然清贫，但也算自给自足，家中也还有部分余粮。于是他每年也要捐钱十缗，用来救助婴儿。家人十分支持苏轼，善良是一种选择，它会传染给自己的身边人。所以他的家人，也会时常送粮食给贫困的农家，帮助他们渡过难关。

或许当一个人用心对待生活的时候，生活便会美好起来。看着那些被救的婴儿逐渐成长起来，苏轼开心万分。他也想到了自己的童年，那个时候父亲兄弟在旁，书香门第，衣食无忧，读书写字，游山玩水，一切都是那么的美好。

七岁那年，苏轼在眉州偶遇了已经九十岁的朱姓老尼。那老尼自称曾经和她的师父一起到蜀主孟昶的宫中讲学。一个天气炎热的晚上，孟昶和花蕊夫人在摩珂池上纳凉赏月，曾作过一首词，老尼自称记得，还唱了两句给苏轼听。

如今四十年过去了，那朱姓老尼早已亡故，人间再也没有人记得那首词了。苏轼还记得老尼唱的那几句，仔细一琢磨，那首词有点像《洞仙歌》呀。于是他干脆自己动笔，将缺失的词给填上了。

冰肌玉骨，自清凉无汗。水殿风来暗香满。绣帘开，一点明月窥人，人未寝，攲枕钗横鬓乱。

起来携素手，庭户无声，时见疏星渡河汉。试问夜如何？夜已三更，金波淡，玉绳低转。但屈指西风几时来，又不道流年暗中偷换。

冰肌玉骨的美人，冷月也为你倾倒，天星流转，岁月无痕，佳人有纹，斗转星移，流年似水，时光飞快，红颜早已不再呀。还是得好好珍惜时光，享受生命的美好，多做一些有意义的事情。

对曾经的自己来说，读书不过是为了应付科举考试，为了进士及第，为了光耀门楣。走进了仕途之后，便开始想要一步步往上升。

但如今看来，名利权势，不过是浮云罢了，时光如流水，东去不复回，白云苍狗，或许寻找内心的宁静，寻找真正的自然，才足以令他快乐。曾经世人眼中的快乐，不过是表象罢了。如今他人眼见的安贫，却可以让自己乐道。

如今苏轼的生活十分充实，时而田间劳作，时而书堂读书，谈笑有鸿儒，往来亦有白丁。日出而作日落而息，享受山间的淡然与宁静，相当不错。晚上空闲，找到太守，乘舟游湖，共饮杯酒。月色迷人，湖景迷人，美酒迷人，苏轼早已醉了。在舟上小憩片刻，酒醒之后，又与太守推杯谈笑，醒又复醉。

不知不觉，已到三更。苏轼拄着竹杖，摇晃着身体，返回到家门口。家中童仆早已熟睡，月下敲门许久，无人来开门。没有办法，只好去江边吹风，聊度今夜了。

夜风轻拂，江水不绝，月光轻柔地洒在波浪上，斑斓闪耀，仿佛在诉说月与江的缘分。苏轼身上的酒味依旧浓烈，江风将酒气送给了江中月，想要与之分享这醉人的夜。万籁俱静，月色温柔，夜船轻飘。苏轼打了一个冷战，随口唱出了自己写的词《临江仙》：

夜饮东坡醒复醉，归来仿佛三更。家童鼻息已雷鸣。敲门都不应，倚杖听江声。

长恨此身非我有，何时忘却营营？夜阑风静縠纹平。小舟从此逝，江海寄余生。

或许只有江海，方可寄托苏轼余生的心绪了。回到家中后，苏轼倒头便睡，在梦中继续自己的酒会、诗会。

不承想，第二天苏轼的这首《临江仙》便流传出去了，文人们一看此词，心中一愣，难道大才子苏轼心灰意冷，要乘舟远去，寄情于茫茫江海了？流言就这样传开了，散布在整个黄州。徐太守听闻此事，亦是大惊，昨晚才与老师饮酒，怎么今日老师就有此想法。于是急忙前去寻找苏轼，想要劝说其一番。实在不行，也得见上老师一面，为之饯行吧。

徐太守急忙找到苏轼，一问得知，苏轼还在床上呼呼大睡，顿时松了一口气。随后推开房门，看到苏轼鼾声如雷，安逸舒服地躺着。徐太守微微一笑，看来是自己多虑了。而且自己怎么也如同外人一般，听风就是雨呢？竟然相信这些流言鬼话，实在荒谬呀。或许老师这盏明灯，对他来说，实在太重要了吧。后来，苏轼想起这件事，不免会心一笑，经常用此来调侃徐太守。

在黄州的生活，使得苏轼的心境产生了巨大的改变。他不再是原来那个高高在上的富二代才子，不是追名逐利的苏轼，现在的他是淡泊宁静的苏东坡，是戴草帽、披蓑衣的农民。昔日刻薄的讽刺、辛辣的笔锋、冲动的热血逐渐消退，变成了温暖、亲切、幽默与平静。或许此刻的苏轼，才是真正成熟了。成熟的人，才知道自己想要什么，才知道什么东西可以舍弃，才明白什么东西珍重。

苏轼的好友陈季常的夫人，嗓门儿极大，简直如同狮子吼。往往是不见其人，先闻其声，声乍起，乱了山鸦，惊了人心。苏轼还写了一首诗来调侃好友：

寄吴德仁兼简陈季常（节选）

龙丘居士亦可怜，谈空说有夜不眠。
忽闻河东狮子吼，拄杖落手心茫然。

苏轼心情低落之时，听到这嚣张跋扈的声音，想到这妇人的双手叉腰、仰天怒喊的形象，不免会心一笑。人这一生，又有什么槛儿过不去呢？实在不行，如同她那样大喊几声，将心中的烦恼喊尽，将满腹的委屈骂光，也是一件幸福的事情呀。

苏轼逐渐适应了黄州的一切，有朋友知己，有美酒相伴，任谁都要忍不住迷上这样的生活。最让苏轼感动的是马梦得，这个与他同月同岁的知己，本是一位秀才，因为仰慕欣赏苏轼的才华，一路跟随他。在苏轼前途无量、人人称赞时，马梦得在他身边；在苏轼仕途失意、被贬谪出京师、人人避而远之的时候，马梦得依然在其左右。就像苏轼说的“马生本穷士，从我二十年”，苏轼忙不过来的时候，是马梦得出工出力，能做的事情抢着做，能干的事情抢着干。苏轼感慨地写道：“可怜马生痴，至今夸我贤。”

还有一位四川眉州来的清贫学生，仰慕苏轼才华，专门来到苏家，免费做了两年的私塾老师，帮忙照顾培养苏家子弟。或许这就是苏轼的魅力，能够让身边的人不遗余力帮助他，愿意与之共患难、同甘苦。这个就是苏轼身上的闪光点，才华与人品并存，折服了那个时代。

苏轼在黄州，有家人，有知己，虽然清苦，却又那么有趣与快乐。这片土地孕育出来的人，抚慰了苏轼曾失落的内心。不管未来会面对什么，狂风暴雨，满地荆棘，苏轼也有了对抗的勇气。因为家人和朋友，已经在他的内心中，构筑了一道坚不可摧的高墙，足以阻挡一切的苦难与风霜。如后世刘安世所说：“东坡立朝大节极可观，才意高广，惟己之是信。”

第七章

生死有命：人生不觉苦，喜乐到天年

第一节 也无风雨也无晴

元丰五年（1082）十月，苏轼与两位好友从雪堂出发，准备回临皋亭开怀痛饮。途经黄泥坂，但见月色如银，倾泻到地上，好似铺上了一层白霜。已是深秋，落叶满地，树干光秃秃地站立在侧。

月色之下，苏轼等人的影子被拉得长长的，与树影相互交错，三人行成了众人行。可爱的明月，让他们多了无数的树影朋友。

苏轼抬头望月，想要道声谢，但见繁星点点，皓月高悬在夜空之上。他不由得感慨，此刻的嫦娥有了玉兔与吴刚的陪伴，广寒宫也不再寂寞了吧？

此时世间万物，静如处子，迷人的夜色，使得苏轼三人心中开阔，一股热血油然而生，不由得放声高歌，以此粉饰这恬静的夜。有歌有月，又怎能无酒？于是几人找来酒菜，寻到船只，顺江下赤壁。

此时的江水，水位下降，导致江面的石头露出了脑袋，正好奇地打量着苏轼一行人。远处的山，高峻直耸，像位高傲的侠客，冷峻地看着江边的万事万物。

三人兴致勃勃地下船登山，踏过险峻的山岩，拨开纷乱的野草，终于来到赤壁之上。看着江上夜航的船只、江岸闪动的灯火，苏轼不由得仰天长啸。啸声震天，草木皆动，高山都忍不住，要附和于他，于是深谷之中，响起了回声。

江风顿起，回声与风声融合在一起，奏成了别样的乐章。一股征服了雄关的喜悦，从苏轼的心底升起。或许，这就是人活一生的意义，不断地去攀爬，去征服，去披荆斩棘，去逢山开路遇水搭桥，去克服一个个难题。

此时，东方升起了鱼肚白，旭日即将东升，一只孤鹤似带着光明从东方飞来。但见其翅膀如车轮般大小，尾羽似黑裙子，身上的白羽则像一条洁白珍贵的白衫。忽然，仙鹤一声长叫，似在告诉众人天已将亮，可以起床劳作捕鱼了。随后仙鹤便飞跃舟顶，向着西边走了。

苏轼三人立于赤壁，见此奇景，浩然之情涌上心头。人世间的蝇营狗苟，朝堂上的风风雨雨，人生中的烦恼苦难，被这清风一吹，被这仙鹤一啼，似乎已消失得无影无踪。烦恼不过是自己心中所想，是自己给自己束缚的枷锁罢了。

只要自己心志坚定，任尔东西南北风，任你狂风暴雨，我自岿然不动。正所谓看山是山，见水是水，如心中有他物，不过是自己徒增的烦恼。

此时苏轼不由得想起上一次他和朋友一起游赤壁的场景。那是壬戌年七月十六日，清风徐徐，水波不惊，苏轼与好友泛舟江上，众人举杯互饮，吟诵明月，歌赋万物。明月似乎感应到了他们的号召，从山后羞答答地升起。

但见白雾横江，水光连天。苏轼立于舟头，体会飞船航行，感受清风拂面，颇有当年达摩一苇渡江的豪情，又有种遗世而独立，羽化登仙之感。

喝酒尽兴之时，朋友扣弦而奏，引吭高歌。苏轼闻其歌，只觉其声呜呜然，像是怨恨，又像是思慕，像是哭泣，又像是倾诉，尾声凄切、婉转、悠长，如同不断的细丝，能使深谷蛟龙为之起舞，能使孤舟寡妇落泪。

苏轼不由得询问何故，朋友说出心中所想，原来看到赤壁，便想起了曹孟德当年与周公瑾的赤壁之战。一代枭雄曹操，当年是何等威风，攻荆州，夺江陵，战船千里，旌旗蔽空，横刀立马，饮酒赋诗，惊为天人。

然如此天纵奇才，如今又在何处呢？不过是一堆黄土罢了。想到这里，朋友不禁感慨，人之一生，犹如蜉蝣置身于天地之间，似那沧海之粟，渺小非凡。我们这一生，何其短暂，匆匆而来，匆匆而去。想要和仙人携手，遨游天地，却始终无法实现。于是将遗憾化为箫声，寄与悲凉的秋风罢了。

苏轼听完微微一笑，当下说出自己的观点。这不断流逝的江水，其实并没有逝去。时圆时缺的月，亦没有增加或减少。

从事物容易改变的一面来看，事物无时无刻不在改变，从事物不变的一面来看，万物与生命同样无穷无尽。那我们又还有什么可羡慕那些仙人呢？又还有什么可悲哀的呢？天地之间，万物都有自己的归宿，非我所有，一毫莫取。你们瞧，这江上的清风，山间的明月，娱悦了我们的双眼，滋润了我们的双耳，它们取之不尽、用之不竭。这可是大自然的宝贵财富，你我还是尽情享用吧。

想到那晚的场景，苏轼不由得一笑。是呀，人生哪有那么多的悲凉呢，不如好好享受眼前的风景吧。游玩结束，苏轼回到家中呼呼大睡。

睡梦之中，他迷迷糊糊遇到了一位身穿羽衣的仙人，拱手问他，赤壁游玩得快乐吗？苏轼问其姓名，仙人笑而不答。苏轼心中一愣，这仙人不正是长鸣飞过舟顶的白鹤吗？正要细细询问仙鹤天宫美景之时，他却蓦然惊醒。苏轼意犹未尽，于是急忙提笔作赋，写下了《后赤壁赋》。

赤壁真是个好地方，苏轼曾多次来到这里。或许是古赤壁战场曾发生过太多的故事，有太多的风流人物，曾在这里留下过印记。

就连苏轼自己，不知不觉，也成为赤壁的记忆之一。赤壁静静地伫立在那里，看风流雨打风吹去，看英雄浮沉，看才子起落，看美人迟暮，看世间百态。于是他写下了千古名篇《念奴娇·赤壁怀古》：

大江东去，浪淘尽、千古风流人物。故垒西边，人道是，三国周郎赤壁。乱石穿空，惊涛拍岸，卷起千堆雪。江山如画，一时多少豪杰！

遥想公瑾当年，小乔初嫁了，雄姿英发。羽扇纶巾，谈笑间，樯橹灰飞烟灭。故国神游，多情应笑我，早生华发。人间如梦，一樽还酹江月。

苏轼羡慕周郎的雄才大略，指点江山，同样也渴望谈笑间，樯橹灰飞烟灭。此刻他虽然仕途不顺，但那又何妨，人生不过是一场大梦，荣辱沉浮，终究是浮云罢了。

苏轼的这种豁达，直接影响了他的孩子。无论是学问还是生活，苏轼都能妥善处理。他游离在父亲、丈夫、知己、农夫、官吏、文人墨客等各色身份中，游刃有余。孩子们的偶像，便是苏轼了。毕竟如此乐观有才华的长辈，无论是谁都会为之倾倒，引其为自己的偶像。

平淡恬静的生活让苏轼看透了许多事情，不知何时开始，他喜欢上了静坐冥想。或许静心，神游天外，思考宇宙的无穷，未尝不是一件幸福的事。一日，朋友前来找苏轼谈心，发现了他的转变，便询问他什么时候开始打坐的。

苏轼泡上一壶茶，微笑请朋友喝茶，随后娓娓道来。原来苏轼还在杭州的时候，便与高僧、道人交往密切，听他们谈佛论道，自然而然，也会对之有所领悟。来到黄州之后，没有俗世的打扰，没有官场的钩心斗角，苏轼似乎更加能体会佛道的好处。

苏轼每天睡觉前都要面朝东南，盘足而坐，叩齿三十六次。随后调慢呼吸，三次过后待津液满口，即低头咽下。为了达到锻炼身体的目的，苏轼每天会用左右手摩擦生热，然后再用手去暖脚心，再一直搓热到脐下腰脊间，随后再用两手摩熨眼面耳项。待到这些地方都热透之后，他会用手捉鼻梁左右五七下，梳头百余下，之后卧床而睡，一夜无梦，直至天明。

妻子见到苏轼每天坚持锻炼，相当支持他。毕竟身体是本钱，只有将身体锻炼好了，才有可能创造更多的奇迹。况且苏轼都花心思在静坐锻炼上，官场上的那些不如意，也会被抛在脑后，这样丈夫便会开心快乐些。丈夫宽心，她自然是欢喜支持了。有时候苏轼还会调侃妻子，说自己再锻炼下去，可能就要羽化成仙，飞往仙界天宫了。

妻子闻言，抿嘴一笑，配合着打趣，说苏轼如果成仙，那便去天宫带些灵丹妙药、蟠桃琼汁，给家人们一起吃，一起飞升，前往天宫瞧上一瞧。惹得苏轼哈哈大笑。

苏轼自然知道所谓的灵丹妙药，不过是一种心灵上的寄托罢了。他不会像那些帝王修士，沉迷于丹药无法自拔。他认为把全部的时间都用来研究丹药，简直是虚度光阴，以身试丹药更是愚昧。所以他会时常告诫家人，倘若没有见到真正长生不老之人，便没必要太过相信那些仙人传说，不必执着于那些神话。

无规矩不成方圆，生活亦是如此。苏轼翻看修身养性的古书，归纳总结出几个方法规则，用来使自己的作息有规律。分别是这四条：1.无事以当贵；2.早寝以当富；3.安步以当车；4.晚食以当肉。自律的生活，非凡的人生，苏轼用他自己做了个示范。自因“乌台诗案”被贬黄州后，苏轼自己也想不到他的生活会如此丰富多彩，有田可种，有书可读，有酒可饮，有朋可谈，有景可赏，有丹可炼，有茶可品，有人可爱，有纸可写，有诗可诵，有佛可参，事事皆妙，乐趣无穷。

更让苏轼开心的是，到了元丰六年（1083），妾室王朝云给他生了一个儿子，46岁的苏轼开心万分。

王朝云询问丈夫，给孩子取个名字吧。苏轼思索片刻，为之取名为遁。王朝云疑惑不已，为何取名为遁？苏轼解释说，遁通钝，愚钝一些，未尝不是一件幸事。随后他还作了一首诗自嘲：“人皆养子望聪明，我被聪明误一生。惟愿孩儿愚且鲁，无灾无难到公卿。”

王朝云听后觉得丈夫说得有理，欣然同意。

苏轼看着可爱的小儿子，不由得小声嘀咕：“遁儿，快些长大吧，长大后就可以和哥哥们一起读书写字，一起玩耍了。爹爹到时候还可以做美味佳肴给你吃，你可有口福了。”王朝云听了苏轼之言，被逗得哈哈大笑。

要说苏轼的厨艺，确实了得。就他发明出来的东坡肉，远近闻名，人人欢喜。曾经的猪肉，那是“富者不肯吃，贫者不解煮”，可到了苏轼的手中，便是化腐朽为神奇了。他的原创猪肉烹煮方法，便是先拿少量的水将猪肉煮开煮熟，然后添上酱油，再用文火炖上几个小时。时辰一到，开锅取食，香味扑鼻，入口鲜美。

苏轼除了煮猪肉有一套外，做鱼的手法也是高超。就拿鲤鱼来说，苏轼会先用冷水洗净鱼，然后在鱼身上擦上盐粒，再在鱼肚子里塞入白菜心。随后加热煎锅，放入油与几根小白葱煎炒，再放入处理好的鱼。将鱼煎至半熟之后，放入几片生姜，用来去鱼腥。然后在锅边淋些咸萝卜汁下去，再缓慢倒些许酒进锅中。慢熬慢煮，待到鱼香四散的时候，眼见鱼肉将熟，再往锅中放入几片橘子皮提味。

一锅美味的鱼肉汤便大功告成，色香味俱全，大人小孩都兴冲冲地端起碗拿起筷，狼吞虎咽起来。一碗吃罢，恨不得再来一碗。

除此之外，苏轼还发明了一种美味的青菜汤，名叫东坡汤。该汤只是采用简单的食材，就能让全家人的味蕾折服。自己的孩子甚至可以凭借该汤，出去与邻居家的小伙伴炫耀。孩子们偷偷地询问父亲该汤做法，苏轼倒也不藏着掖着，当下便把独家秘方传授给了孩子。该汤是用双层锅熬制的，锅下面的一层放着洗好的白菜、萝卜、油菜根、荠菜等，然后再放点姜丝，随后将水放入。上面的一层锅则放置洗净的米。

开火熬煮，饭熟之时，菜汤已好。一举两得，事半功倍。

看来要抓住孩子的心，还得先抓住孩子的胃。

此时的苏轼，人生已经进入了新的境界，就像武学大家，功夫又上了一层楼。此刻的他，已经有了磐石一般坚定的心，不惧风雨，不怕荆棘。不管未来如何艰辛困难，不论此时多么失意，他都能够及时调整心态，重拾乐观开朗的心情。

此刻的他，就像悬崖峭壁中艰难生长的小松树，虽然少水少养分，可依旧无法阻止他长成大树，无法将其困死。在苏家这个大家庭里，他们自给自足，他们过得充实且幸福。因为苏轼这个主心骨，永远不会倒下，永远乐观向上。

如果文人都有苏轼这样的胸襟与气魄，如果官员都能像苏轼这般起落皆淡定，那么历史将会少了许多悲剧。苏轼的悠然豁达心境，被后辈无数文人所推崇，被同时代的人们所敬重，被他的知己好友所钦佩，被他的家人所拥护敬爱。

此时的苏轼，已经成长为伟大的诗人、心胸宽广的丈夫、强大的父亲以及睿智的哲学家。

在黄州这片土地上，苏轼挥洒过汗水，留下过岁月与记忆。同时他也创作了无数经典的诗词，令人拍案叫绝，让后世文人敬仰。

他成为一座文学界的高山，静静地立在那里，让后人难以超越。就像蔡嵩云所评论的："东坡词，胸有万卷，笔无点尘。其阔大处，不在能作豪放语，而在其襟怀有涵盖一切气象。若徒袭其外貌，何异东施效颦。东坡小令，清丽纡徐，雅人深致，另辟一境。设非胸襟高旷，焉能有此吐属。”

第二节
人常在，知己永不负

风水总会轮流转，人岂无得运？只要熬过那段艰苦岁月，好运就会到来，苏轼的好运终于要到来了。元丰六年（1083），皇帝良心发现，惊觉自己对新政反对派的责罚太过严苛，于是开始慢慢调曾经被贬的官员北归。

苏轼的好友王定国也获赦，准备返回北方。苏轼想到当初王定国因为受到自己“乌台诗案”的牵连，被贬到了宾州，担任监盐酒税。岭南地区环境恶劣，僻远荒凉，物资匮乏。许多北方官员被贬至此地，大多无法适应岭南的气候，染上重疾，终生受病痛折磨。更有甚者，一去便常病不起，再也无法回到北方。此番的凶险，苏轼自然知道，所以对王定国愧疚万分。知道王定国北归，需要经过黄州，苏轼便邀请其来到自己家中叙旧。

好友相见，知己重逢，自当痛饮百杯。见到昔日意气风发的好友，如今已是满面风尘，苏轼心中不免有些自责难过。若不是当初受到自己牵连，他何须受此磨难。但苏轼心里更多的是替王定国开心，因为王定国终于被调回北方，重新受到重用。久别重逢，他乡遇故知，苏轼心里自然高兴。

王定国似乎看出了苏轼内心中的自责，出声安慰苏轼，随后还叫自己的歌女柔奴出来为苏轼劝酒。想当初王定国被贬岭南，前途渺茫，将来是生是死，犹未可知。柔奴不畏艰辛，不离不弃，陪着王定国一路南下，历尽风霜，饱受磨难，如今终于算熬出头了。

看着王定国与柔奴之间的甜蜜，苏轼在心底替好友开心，得知己如柔奴，夫复何求呀。都说风尘女子多无情，却不知女子若是用情起来，那也是海枯石烂，感天动地。或许情不知所起，一往而深吧。一个女人敢于陪着一个落魄的男人，一同经历磨难，明知有可能有去无回，也毅然同行。这样的女人，高洁伟大，光芒四射，令人钦佩。被陪伴的男人，幸福美满，快乐欣慰，令人羡慕。宴席结束之后，苏轼结合宴会中众人所聊所谈，写下了《定风波·南海归赠王定国侍人寓娘》：

常羡人间琢玉郎，天教分付点酥娘。自作清歌传皓齿，风起，雪飞炎海变清凉。

万里归来颜愈少，微笑，笑时犹带岭梅香。试问岭南应不好？却道，此心安处是吾乡。

岭南好与不好，关键看是何人所想。确实如柔奴所说，心安之处，便是吾乡啊。只要自己的内心安定，快乐便自己到来了。苏轼在黄州的谪居生活未尝不是如此呢？他不过是巧借柔奴之口，表达自己的所思所想罢了。

苏轼如今早已习惯了黄州的悠哉生活，想要在此处长久定居下去，安享岁月静好，安度晚年。但人算不如天算，人在官场，身不由己，一切早已由不得苏轼自己定。

元丰七年（1084）三月，苏轼正在书堂读书，朋友兴冲冲地来找他，告诉他京师传来的小道消息，说有可能要把苏轼调回京师掌史馆。苏轼微微一笑，安慰朋友，这毕竟只是小道消息，不必在意，最终还是要以圣旨为准。

不久之后，圣旨到来，苏轼跪地接旨，得到的诏令是让他前往汝州任职。

苏轼心中一愣，实际情况果然和小道消息有差距呀，一个是京师官，一个还是外地官，福利待遇终究不是一个级别。

事后，朋友多方打听，终于知道苏轼被调到汝州的内幕。原来当初皇帝欣赏苏轼的才华，确实想要苏轼掌管史馆。可惜朝廷里有人极力反对，最后皇帝没有办法，只好顺应了掌权派的意见，最终折中，将苏轼提升到了汝州。毕竟汝州虽然也是地方州，但是胜在离京师近，可比黄州的政治地位高上不少。

苏轼接到调令之后，和家人商量一番，觉得汝州虽比黄州好，可黄州他们已经待了四年多，有了家有了感情，这里早已成为苏家的一部分。这里的田地，这里的茶水房屋，也有了一家人的记忆。

或许黄州已经成为苏轼的另一故乡，苏家人倒是不太想去汝州了。于是苏轼开始逃避这道派令，就拿他自己的话来说，“殆似小儿迁延避学”。毕竟能拖一天是一天。

在此期间，苏轼还跑去邻居家的花园里赏花观景，但见院中百花斗艳，花香四溢。苏轼漫步在花丛之中，看到一只蝴蝶在花枝上栖息，一只在花头起舞。不知为何，他竟然想变成一只蝴蝶，自由自在，无拘无束地在花中游玩，飞去山花烂漫处也好，飞到清泉石畔也罢，总之无人叨扰，这样该是多么美好。

从邻居家出来后，他来到了家居店，买了一个木盆，准备用来盛水，给家中花园里的瓜浇浇水。在街上闲逛的时候，苏轼发现邻居家有许多茂盛的橘子树苗。于是他斗胆上前，问邻居讨要了几株。邻居大方热情，顺手便给了他几株。苏轼喜出望外，连连道谢。想到将树苗栽在院子里，待到熟时，便有甘甜可口的橘子吃了。

就这样安逸地待了几天，苏轼找到夫人，与之认真商量一番，毕竟朝廷的调令，一直拖着也不是个办法。溥天之下，莫非王土，率土之滨，莫非王臣。况且这是皇帝陛下的好意，有心提拔自己，如果自己再不去，岂不是不给皇帝面子。到时候朝廷里的那群小人，又要在皇帝面前叽叽歪歪，搬弄是非，诬陷自己恃才傲物，不遵王命可就不好了。夫妻二人商量半宿，虽然万般不舍黄州的一切，可最终还是决定服从上令。

但令苏轼想不到的是，他的诗才之名实在太大，令朝廷里的许多高官羡慕嫉妒恨。即便苏轼的官职低微，但那些身处高位的人仍然认为他是一个潜在的威胁。所以他们都在找准时机，想要见缝插针，用尽一切手段，打压苏轼。

按照惯例，苏轼接受调职后，是要上疏给皇帝，表示皇恩浩荡，臣下万分感动。苏轼才高八斗，那还不是轻而易举便将感谢信写好了，原文部分如下：

> 臣轼言。伏奉正月二十五日诰命，特授臣汝州团练副使，本州安置，不得佥书公事者……虽蒙恩贷，有愧平生。只影自怜，命寄江湖之上；惊魂未定，梦游缧绁之中……疾病连年，人皆相传为已死；饥寒并日，臣亦自厌其余生……顾惟效死之无门，杀身何益，更欲呼天而自列，尚口乃穷。徒有此心，期于异日。臣无任。

皇帝看了之后，觉得苏轼的文采更胜从前，哪里像那些在朝廷之中明争暗斗的官员，只知如何讨好上级，升官发财，早就不注重文采修养。况且苏轼又在信中对皇帝一顿猛夸，毕竟千穿万穿，马屁不穿。皇帝也是相当受用，当下便开心地夸赞苏轼是个天纵奇才。

李定是嫉妒苏轼的人之一，听了这话，相当害怕皇帝重新提拔苏轼，于是急忙出来挑拨离间。只见李定厚颜无耻地说苏轼是在发牢骚，还要请皇帝重罚苏轼。皇帝一脸蒙，询问何以见得。李定恭敬地给皇帝指了指那一句“惊魂未定，梦游缧绁之中”，并强调苏轼是对罪责不服，不思悔改。

这李定真是阴险毒辣，五年之前，便是他一手炮制的“乌台诗案”。想不到五年之后，他还要故技重施，想要让苏轼永不翻身。不过李定千算万算，这次却没有料到皇帝竟然不吃他那套。或许皇帝早就看穿了李定的把戏，也早就知道苏轼并没有恶意，所以并没有处置苏轼。李定眼见无法说服皇帝，才收起了那副丑恶的嘴脸。

虽然朝廷里那些小人的嘴暂时被堵住，但苏轼的处境依然相当尴尬。汝州虽然离京城近、环境较黄州舒服，但他五年前的罪名依旧没有被撤销。所以他现在还是戴罪之身，即便是到了汝州，仍然是个“不得佥书公事”的州团练副使。苏轼依然是个边缘人物，没权没钱，官职低微。但比在黄州好的便是，他可以自由地进出公门了。

此时的苏轼已快到知天命的年纪了，这些年来，他四处漂泊，西去东来，南迁北徙。好不容易在黄州安定下来，还没来得及细细享受这里的一切，马上便要离开了。看着前来送行的朋友，苏轼有感而发写下了一首《满庭芳·归去来兮》：

归去来兮，吾归何处？万里家在岷峨。百年强半，来日苦无多。坐见黄州再闰，儿童尽、楚语吴歌。山中友，鸡豚社酒，相劝老东坡。

云何，当此去，人生底事，来往如梭。待闲看秋风，洛水清波。好在堂前细柳，应念我，莫剪柔柯。仍传语，江南父老，时与晒渔蓑。

苏轼一家人收拾好行囊，看着这几十亩土地，看着自己辛苦搭建出来的房屋，看着院子里的茶水菊花，想到这些年在黄州遇到的人和事，苏轼不自觉地落下了热泪。他带不走邻居家的百花，带不走邻居家的竹林，带不走自己的雪堂，带不走自己的农庄，他能带走的，只有自己的一大家子人和对这片土地的热爱，以及对黄州的美好记忆。

临走之时，苏轼还是不忍心让东坡田就此荒废，于是他想到了一个值得信赖的朋友。元丰七年（1084）四月一日，苏轼留别雪堂，和一帮送行的朋友渡江至樊口，来到潘丙酒坊。

他将东坡田地托付给潘丙照看，潘丙欣然同意。中午时分，潘丙准备酒菜，为苏轼饯行。众人欢聚半日，追忆往昔，那些曾经一起游山玩水、饮酒赋诗的快乐日子一一在脑海浮现。不知不觉，已是傍晚时分，潘丙一路送苏轼到了车湖。送君千里终须一别，苏轼与诸位好友定下书信之约，日后要多来信，互通有无。随后苏轼便依依不舍地离开了黄州，告别了这个留下他四年时光的城市，奔赴一个新环境。

起程之后，苏轼趁着这难得的机会，先去到弟弟苏辙那里小住几日，共叙兄弟情谊。弟弟见到沧桑的哥哥，感慨万分，不觉已是泪流满面。在这几日里，兄弟二人各自谈论着这些年遇到的人与事。

说到动情之处，苏轼忍不住拔高了音量，苏辙则听得津津有味。说到不平之事时，苏轼情绪略微低落，苏辙则替哥哥鸣不平。苏家兄弟彻夜长谈，似乎要将消失的时光都弥补回来。

六七天后，苏轼恋恋不舍地和弟弟分别，继续乘船至九江，随后下长江，辗转几个回路，最终抵达金陵。

苏轼来到南京后，自然要去见一个人。因为此人曾在五年前的“乌台诗案”中为他说过话，是他上疏给皇帝，直言“安有盛世而杀才士乎”，这句话为免去苏轼的死刑发挥了重要的作用，苏轼必须当面向其表达自己的感谢。但此人又是苏轼昔日的政敌，苏轼的父亲苏洵更是写了《辨奸论》公开讽刺过他。两家人算得上是世仇了。此人便是新党的领袖王安石，他同时也是文学界的大家前辈。不管如何，人家终究是前辈，还曾救过自己的性命，于情于理，苏轼都得走一遭。

此时的王安石早已退居二线，在南京居住了八载。苏轼见到老态龙钟的王安石，不由得心中一紧，昔日咄咄逼人、权势滔天、呼风唤雨的宰相，如今已是日薄西山、垂垂老矣，如何不令人心伤。苏轼与王安石相互寒暄之后，倒也聊得比较愉快，全然没有昔日的针锋相对。两个人一个是经历了四年磨难的旧党中坚，一个是已退出政坛八载的新党领袖，虽然政见上依然有所不同，但是两人早已远离政治斗争的旋涡，自然没有强烈的敌意。

聊着聊着，苏轼逐渐严肃起来，对着王安石说自己有话要说。王安石一看苏轼的神色，顿时脸色大变，以为苏轼还要旧怨重提，挥手阻止他继续说下去。

苏轼早已捕捉到王安石异常的神色，急忙说自己要说的是天下大事，王安石才示意苏轼继续说下去。于是苏轼便对王安石吐露自己的看法，他认为如今朝廷接连用兵和屡兴大狱于国不利，毕竟这“大兵大狱”可是汉唐亡国的前兆。

苏轼还劝诫王安石，希望他可以出面阻止目前这种状况，因为如今是新党的吕惠卿主持朝廷政务，这吕惠卿还是王安石一手提拔起来的，算是他的学生。况且王安石虽然隐退，但他在新党中的影响力依旧摆在那里。

王安石听了苏轼的话，顿时表示自己的无奈，说现在已经是吕惠卿的天下了，他一个退居的老人，早已没有了话语权，不在其位，不谋其政，也不方便干预。苏轼急忙对他说：“在朝则言，在外则不言，这只是侍君的常礼，但皇上待您以非常之礼，您又岂能以常礼来报答皇上？”王安石听了激动地表示会上疏劝诫皇帝，以报皇恩。

随后王安石警惕地看了看四周，小声地劝慰苏轼，不要把此话泄露出去。

苏轼自然明白王安石心中所想，此刻的王安石政治影响力还在，但是新党的吕惠卿大权在握，自然不愿再屈从王安石。即便王安石是他的伯乐，是他的老师，是其一手把他提拔起来的，但是他为了权力，也不得不对老师心存芥蒂。

吕惠卿无时无刻不在想摆脱王安石的影响，成为一个真正的新党领袖。如果王安石公开支持旧党苏轼的意见，那不是摆明了让吕惠卿难堪。所以王安石要考虑吕惠卿的想法，要权衡照顾到新党这边，这些事可以在暗地操作，但是摆不上台面。苏轼毕竟也是混迹官场多年，这些门道，他还是懂的。

聊完天下大事，两位大名鼎鼎的文人才子，自然而然抛开了政治家的身份，逐渐凸显文人学士的风采，两人开始愉快地讨论文学歌赋。

苏轼端起笔墨，书写近期新作的诗词，赠送给王安石做纪念。王安石本就相当喜欢苏轼的书法，于是吟诵了自己的诗句，请苏轼书写一份，送给自己。苏轼也不含糊，当下笔走龙蛇，力透纸背，洋洋洒洒写了出来。

苏轼十分喜欢王安石的那句“积李兮缟夜，崇桃兮炫昼”，他认为这两句诗有楚辞的句法，王安石欣然认可。王安石细细品苏轼的诗，询问那句“冻合玉楼寒起粟，光摇银海眩生花”这两句是否用了道藏的典故？

苏轼哈哈大笑，称赞王安石才学，将之引为自己的知己。随后，两人谈起了学术之事。王安石说对陈寿的《三国志》不是很满意，所以想要重修《三国志》，但他已年迈，希望苏轼可以着手重修事宜。

苏轼一听，自认为才华不够，哪里敢担此重任，接连推辞，王安石见状只好作罢。

苏轼在南京停留了数日，在此期间，他时常去找王安石交流。两个人诗词唱和，好似多年好友知己，好不热闹。苏轼还去游了蒋山，并在诗中写道：“峰多巧障日，江远欲浮天。”王安石听了大为称赞，还叹息着说，自己这一辈子作的诗词，没有一句比得上苏轼这首诗。

王安石还曾劝苏轼居住在钟山，和自己做邻居，一起饮酒赋诗，一起谈天论地。但此时的苏轼自有想法，于是他写了一首诗送给王安石，表达自己的心意。诗名为《次荆公韵四绝》：

骑驴渺渺入荒陂，想见先生未病时。
劝我试求三亩宅，从公已觉十年迟。

一个月之后，苏轼渡江北上，王安石亲送其离开。待苏轼走后，王安石对着身边人说："不知更几百年，方有如此人物！"此时的王安石与苏轼，早已渡尽劫波，相逢一笑泯恩仇，两颗高洁的灵魂，碰撞到一起，相互理解，相互关怀，相互欣赏，成就了一段佳话。

元丰七年（1084），苏轼离开黄州赴汝州就任，由于路途遥远，长途跋涉，旅途颠簸，他们的幼儿苏遁不幸夭折。

此时的王朝云面容憔悴，忧心忡忡。小儿夭折，王朝云一直都没法缓过神来，整天以泪洗面。苏轼心中已是难过万分，可命运之事，他也无能为力，万般皆是命，半点不由人哪。想到可爱的孩子，就此离开人间，白发人送黑发人，苏轼悲痛异常，于是赋诗一首《去岁九月二十七日，在黄州生子名遁小名干儿颀》，表达自己对孩子的思念：

吾年四十九，羁旅失幼子。

幼子真吾儿，眉角生已似。
未期观所好，蹁跹逐书史。
摇头却梨栗，似识非分耻。
吾老常鲜欢，赖此一笑喜。
忽然遭夺去，恶业我累尔。
衣薪那免俗，变灭须臾耳。
归来怀抱空，老泪如泻水。
我泪犹可拭，日远当日忘。
母哭不可闻，欲与汝俱亡。
故衣尚悬架，涨乳已流床。
感此欲忘生，一卧终日僵。
中年忝闻道，梦幻讲已详。
储药如丘山，临病更求方。
仍将恩爱刃，割此衰老肠。
知迷欲自反，一恸送余伤。

在苏轼的好言软语安慰之后，王朝云也逐渐走出伤痛，但她脸上难免会默然浮现出一种落寞感，毕竟苏遁是她和苏轼生下的唯一一个儿子，如今儿子没有了，或许她也在担心自己未来没有依靠吧。不过苏轼的其他三个儿子倒也孝顺懂事，苏轼也劝其不必担心，但王朝云始终愁云不减。

苏轼亦是肝肠寸断，于是他上书朝廷，请求暂时不去汝州赴任，先到常州居住。皇帝考虑到苏轼刚经历丧子之痛，于是批准了他的请求。

苏轼领着家人，一起来到了富庶的江浙一带，这里繁花似锦，风光迤逦。一路之上，似乎空气都是甜的。还在路途之中，苏轼便与家人商量到了常州，便要着手买田置地的事情，避免重蹈初到黄州的窘况。况且如今的苏轼，年近半百，奔波了半辈子，是时候考虑一下安度晚年的事宜了。

苏轼有一位好友名叫滕元发，在南岸湖州任太守。他似乎猜到了苏轼的心思，一番考量后，他便推荐苏轼到常州太湖左岸的宜兴住下。为了顺利在常州安下家来，好友给苏轼出了一个主意，让他先在宜兴买好田地，然后再上书朝廷，请求居住在该地。其理由也相当好编，需要依靠农庄来谋生。

毕竟现在的苏轼官职低微，俸禄太少，无法养活一家人。苏轼一想，觉得有道理，当下便同意了好友的建议。

滕家正好在宜兴有一处田庄，每年约可产大米八百担。但是其地理位置较偏僻，是在城外二十里地的深山里了。苏轼觉得此地不错，有了此处田庄，未来的生计便不用担心了。于是他托朋友将父亲留在京师的住宅给卖了，打算将换得的钱用来买田庄。

在买田庄的路上，苏轼便开始幻想，要在田庄中种上几株茶树，那样一年四季都可以喝到清香的茶了。还有种上百来株橘子树，橘子熟透时，丛林遍染，红满田庄，可供朋友们欣赏作诗，还可以摘下甜口的橘子，犒劳知己好友，当真美哉。

在此期间，苏轼曾住在好友张方平的家中。一次偶然的机会，苏轼突然发现他与张方平儿子的小妾是旧相识。这小妾名叫胜之，曾是苏轼在黄州时经常照顾他的好友徐太守的小妾。只是后来徐太守过世了，胜之便改嫁了。

遥想当年，重阳佳节，徐太守邀请苏轼参加聚会。胜之跳舞助兴，其曼妙的身姿给苏轼留下深刻的印象。一曲舞后，胜之力乏，笑着倚在徐太守身上，香喘连连，徐太守则醉眼蒙眬地看着胜之。苏轼诗兴大发，一首《减字木兰花·双鬟绿坠》便信手而来：

> 双鬟绿坠。娇眼横波眉黛翠。妙舞蹁跹。掌上身轻意态妍。
>
> 曲穷力困。笑倚人旁香喘喷。老大逢欢。昏眼犹能仔细看。

往事历历在目，然而物是人非了。想到故友离世，苏轼不免悲从心来，黯然神伤，不知不觉流下眼泪来。胜之见到苏轼如此多愁善感，竟然笑了起来。或许是她年纪尚小，心思简单，没有其他想法。可苏轼更加悲伤难过了，为离世的好友徐太守难过，为他被人遗忘而伤心。

男儿有泪不轻弹，只是未到伤心处。后来，苏轼还用这个例子劝诫朋友不要纳妾。因为很有可能，你纳的妾，在你离开之后便会另觅他欢，将你遗忘。曾经的海誓山盟，恩爱与共，到头来不过是逢场作戏罢了。

王朝云知道这件事之后，为胜之说了不少好话，她认为一个弱女子，如果不找个依靠，又该如何活下去呢？这个混乱的世道，这个黑暗的世界，哪怕是一个男人都活得如此艰难，更何况是一个女子。

苏轼听完之后，默然不语。或许是如此吧，但无论如何，他的心里还是始终无法原谅胜之。虽然他明白胜之有自己的苦衷，有自己的无奈，可他还是替自己的好友不值得。不同的角度，会有不同的思考吧。斯人已逝，现在也没必要去讨论谁是谁非了。苏轼叹了一口气，不知道在天上的徐兄，他还好吗？有人同饮与否，有人共唱与否？

不久，朝廷传来了皇帝病重的消息，苏轼心中一惊，暗自替皇帝祈祷。可皇帝的病情始终不见好转，三月一日，皇帝的母亲太后开始摄政。四天之后，皇帝驾崩。太后独揽朝纲，她向来支持旧党，又较为欣赏苏轼的才华，所以直接批准了苏轼暂住常州的请求。

于是苏轼一家人便搬到了常州。一到此处，苏轼便认定了这里可以定居余生了 。于是他十分开心，四处游玩，来到了竹西寺，还兴致勃勃地写下了《归宜兴留题竹西寺》（节选）：

十年归梦寄西风，此去真为田舍翁。
剩觅蜀冈新井水，要携乡味过江东。

常州的山美水也美，空气清新，碧波如洗，这里的一切，苏轼都喜欢。田园的乐趣，山林的美妙，清风的舒爽，一切都是那么美好，让人流连忘返，欲辨忘言。看着眼前的田庄，苏轼又幻想着果树满园、池塘水清、游鱼四散、鸡鸭成群的惬意生活。

但人算不如天算，安逸才过了十多天，朝廷那边就传来消息，高太后打算起用苏轼，要任命其为登州（今山东文登县）太守。苏轼知道太后支持旧党，可没想到这么快便要起用他，他自己都有些不太敢相信。与妻子一说，妻子也是一脸震惊。

不久之后，朝廷便下发正式通知，果然和前段时间收到的小道消息相差无二。苏轼被重新提拔起来，全家人都高兴万分，但苏轼早已不是当年的苏轼了，经历那么多的事情，所谓的权力名声，似乎并没有那么重要。此刻的他，波澜不惊，宠辱皆忘。他甚至在给米芾的信中说“某别登卦都，已达青社。衰病之余乃始入闱，忧畏而已”。最终，苏轼还是无奈接受了官职。

此时掌权的太后，开始重用旧党，提拔司马光上位，任命其为门下侍郎，相当于副宰相。但司马光知晓自己是太后提拔起来对付新党的棋子，说白了就是一杆枪。他想拒绝，但是不承想，太后竟然派武装侍卫直接到他家，“护送”司马光到公署。太后这招实在绝，直接将司马光的后路堵死，只能上这艘“贼船”了。苏轼知道此事后，不免微微一笑。

苏轼这边也启程前往山东海岸的登州，他们从胶州附近走海路，乘船绕过山东半岛，最终在十月十五日抵达登州。然而到了登州五天后，便又接到圣旨，奉诏赶往京城。元丰八年

（1085）十二月，苏轼抵达京师。

苏轼回想这一生，不知是幸运还是前世积德，又或者说和皇后有缘。原来的仁宗皇后，在苏轼被审讯的时候，救了他一命。如今又得到英宗皇后的提拔，当真是时也，运也，命也。

因哲宗年幼，高太后以太皇太后的身份摄政，王安石变法的一切法令措施全都暂停或废止。新党逐渐被打压排斥，朝廷重新洗牌，旧党再次受到重用，当真是有人欢喜有人愁哇。再次回到京师，苏轼发现朝廷还是那个朝廷，金銮殿还是那个金銮殿，苏轼却不再是当年那个少年了。他到京师八个月，官位连升了三回。短短的几个月，他便从七品官职，如坐火箭一般，升到三品官，居翰林院，负责起草诏书。此时的苏轼，已经四十九岁。

那天黄昏，晚霞漫天，映衬着宫中高大宽阔的城墙。苏轼立在宫门外，看着绯红的晚霞，搓了搓手，曾经因为劳作而满是茧子的手，此刻似乎也逐渐柔软起来，如同他的心一般。红霞很美，让苏轼沉醉了。一阵晚风吹过，拂起他的官服一角，苏轼微微一笑，仿佛风中夹杂着晚饭的美味，正在呼唤他赶紧回家吃饭。苏轼大步向前走，将一个高大自信的背影留给了驻守宫门的侍卫们。

太皇太后大刀阔斧，想要把新党政策全部砍掉。但新政已经实施了十多年，老百姓的生活已经受到了影响。如果不切实际地强行改变，甚至会适得其反，给百姓带来新的灾难，因为苏轼在黄州的时候，便是个彻头彻尾的农夫，他知道百姓的疾苦，他了解政策会给百姓带来什么，他明白什么东西适合百姓。

所以他才会说，一切的政策法令，前后应该互相衔接，相互呼应，方才容易成功。政策革新，应该一点一点，逐步进行，不能一蹴而就，这样百姓才不会受到惊扰。此时苏轼的眼光与境界，早已超越了久居朝廷的无数政客。

哲宗二年（1087），苏轼任翰林学士，兼侍读。如今的他，成为帝师，可想而知，太皇太后是如何看重他。要知道皇帝的老师，是会对未来的皇帝产生重要影响的。所以苏轼尽心尽力，传递正确的价值观给小皇帝。

每当读到历史朝代的兴亡更替、奸臣当道、国破家亡时，苏轼便会反复开导，提醒告诫十岁的皇帝。小皇帝虽说不出什么大道理，但是苏轼从小皇帝清澈的眼神中，看到了他已经接收到苏轼想要传递的信息了。

看着小皇帝粉嫩的小手轻轻地抚过书页，苏轼不由得想，一定要把皇帝培养成一位赏罚分明的明君，才能对得起天下苍生。

师徒二人拜读祖宗《宝训》时，因为涉及时事政况，苏轼便一个问题一个问题地进行分析。苏轼告诉小皇帝，朝廷现在是赏罚不明，善行没人勉励，恶行无人阻止，好似黄河的水势正向北方流，却偏偏要强迫它向东流；西夏入侵镇戎（今宁夏固原），屠杀、掳掠了几万人，却有人将此事隐瞒，不往上报。长此以往，必出大事。

苏轼在任翰林期间，常紧闭大门，锁居宫中，认认真真，亲笔起草诏书八百余条，无一不引经据典，才气逼人，令人侧目。他逝世之后，另外一人接替了这个起草诏书的工作，自以为才学过人。一日，他兴致勃勃找来曾伺候过苏轼的老仆人，询问其自己与苏轼相比，谁写的诏书要好？谁的才华更胜？那老仆人抬了抬头，看了看其写的诏书，说，苏轼的文采也许比不上大人您，但是他从来不翻书作文。那人听了，满脸通红，从此再不敢傲气凌人。由此可知，苏轼的学识是多么丰富。

但有时候才华横溢者，往往容易招别人嫉妒。就像璀璨的明珠，容易刺中别人柔弱的眼睛，容易扎疼别人肮脏不堪的心。

正所谓枪打出头鸟，此刻苏轼的才华，反而成为他的原罪，他也知道如今自己受到重用，是一定会被小人嫉妒的。他十分厌恶那些小人，所以多次请求免去翰林官职，以免惹祸上身。

但太皇太后等人如何肯放弃才高八斗、学富五车的东坡学士呢？一日，苏轼正坐在堂中，太皇太后突然召唤其入宫，小皇帝陪伴在祖母身边。苏轼挥动笔墨，洋洋洒洒便起草完吕大防拜相的圣旨。太皇太后看了看诏书，抬头望着正恭敬站立的苏轼，感慨地说："先帝还在的时候，每次读到你的文章，总是会称呼你为奇才。就连身边的太监们都知道，如果先帝吃饭的时候半天没有动筷，那一定是在看你的文章啊。先帝有心重用你，可惜还没来得及起用你，他便驾崩了。"

苏轼听到这些，想到往事，不由得悲从中来，失声痛哭。想到自己登科及第后，虽才华过人，可那又有什么用，还不是被四处贬谪，流浪天地之间。先帝虽然欣赏自己，可终究斯人已逝呀。

他感动于先帝对自己的喜欢称赞，他的才华原来一直都被皇帝欣赏，皇帝没有遗忘他，这便可以了，他也欣慰了。流下的眼泪是幸福，亦是感动。太皇太后和小皇帝见到苏轼流泪，顿时也想起了先帝，一老一小，相拥而泣。

十多年来，实在发生太多变化，偌大的江山，天下苍生的重任都扛在这一老一少身上。任重道远，如何不让人心疼。

随后，太皇太后和哲宗擦干眼泪，给苏轼赐座赐茶。得此殊荣，苏轼在心中默默发誓，要为皇帝、为太皇太后、为大宋百姓肝脑涂地，鞠躬尽瘁，死而后已。苏轼告退之时，太皇太后送了一包皇家特供茶叶给苏轼，又把一个刻着莲花的金烛台作为礼物送给了他。这在当时，是绝无仅有的待遇，这件事可以让苏家人吹一辈子。

此刻荣光满身，金莲相伴，烛火相随，前路如此光明，苏轼自带万丈光芒，成为天下文人所羡慕的对象。他的个人名气也达到了顶点，文人墨客，对其万分推崇，甚至是他喜欢戴的一种特别高的帽子，都成为别人模仿的时尚，人称“子瞻帽”。

只有经历苦难过后，才知道幸福来得多么不易。此时的苏轼虽然得到无与伦比的光芒，但他还是保持着当初在黄州的那颗淡泊之心，因为他早已看透了世事。如今他虽身居高位，但绝不争权夺利。

他不过是希望能够用自己的力量，引导小皇帝成长为一位明君，能够为百姓做一些事情，为巩固大宋江山出一份力。

第三节
落日余晖里

那年冬天，京城大雪纷飞，铺满纵横交错的街道。行人踏过长街，留下一个个深浅不一的脚印。这是全城百姓给京师画的一幅独特的画卷。富贵人家热闹非凡，张灯结彩准备迎接新春佳节的到来。部分百姓大门紧闭，门上贴的是去年已掉色的对联，冷冷清清。同样是百姓，阶级不同，地位不同，竟然差距如此之大。

苏轼站在院里，看着飞舞的雪花，想到了在黄州的岁月，不知黄州是否下雪？不知那里的知己好友，如今过得如何？

回到京城的这段时间里，苏轼很忙碌，却充实且快乐。此时他的诗词已是天下盛名，但越是站得高，压力越大，就像他自己的诗里写的“高处不胜寒”。他肩上的责任重大，很有可能一句话，便会引发舆论导向。

司马光逝世后，苏轼成为当时文坛第一人，虽然他没有宰执天下，但声望是被大家所公认了。更令他开心的是，弟弟苏辙也被调回京师，担任御史中丞，次年苏辙升为尚书右丞。

还有曾受“乌台诗案”牵连流放的朋友们，如今也都官居要职，如王诜、王巩等人。他在黄州的知己好友也赶来京师探望他，京城的苏家开始热闹起来。

苏轼与自己的亲朋好友书信来往时，经常会称赞四人，分别是黄庭坚、秦观、张耒、晁补之。能得到苏轼这个文坛大家的称赞，四人名声大涨，成为名动一时的人物，于是大家公认此四人为“苏门四学士”。后来李荐和陈师道相继加入这个阵营，便成为天下闻名的“苏门六学士”。

人的名声到了顶端，往往会伴随着非议。在朝堂之中，即便你没有结党营私之意，可是别人不会这样看。况且宋朝当时的制度，特别容易形成小团体，最终导致党争。司马光离世后，朝堂分为以理学家为首的“河北派”“河南派”以及以苏轼为首的“四川派”。即便苏轼压根儿没有所谓的拉帮结派之想，可他的政敌却不会因此放过他，他们在暗中窥视，静待时机，要在苏轼背后补刀。

元祐元年（1086）十二月中到次年一月十一日，短短一月不到，他们给朝廷递上了五封弹劾苏轼的文状。

太皇太后看不下去，站出来为苏轼说话，禁止大臣再上疏弹劾苏轼。但她的懿旨笔墨未干，那批人公然抗命，于次日再次上表弹劾苏轼。从早至晚，天地昏暗，宫墙凄冷，苏轼不想为自己辩解，因为欲加之罪，何患无辞，于是他四度上表请求离京。他的政敌，在背后露出了阴险的笑容。

太皇太后始终站在苏轼这边，积极为其辩护，甚至想要降罪给弹劾苏轼的人。苏轼大为感动，决定不能再沉默了，沉默只能助长小人的嚣张气焰。于是他写下了两千余字的长信给皇帝，表明立场，呵斥小人。

皇帝深受感动，最终朝廷决定让苏轼留任原职。为了表达对太皇太后的提拔赏识之情，苏轼为朝廷政策提建议，上交了不少策论和表状，希望能够更好地治理国家。但言多必失，说多了得罪人，这是自古的道理。于是乎，苏轼的政敌更加记恨、讨厌他了。

在京师待了几年之后，苏轼心力交瘁，头发斑白。他实在不喜欢政党之间的钩心斗角，互相泼脏水。于是在他的一再请求下，朝廷终于同意，在元祐四年（1089）三月十一日，苏轼以龙图阁学士身份出任杭州太守，管辖六区。

临行之前，八十多岁的老臣文彦博特来相送。他劝诫苏轼不要再乱写诗，否则还是会受到小人的陷害。

满头白发的长者苦口婆心相劝，只因为他实在爱惜苏轼之才，不忍心苏轼再次遭受不白之冤。苏轼跨马横立大笑着说，自己若写诗，一定有一群人等着做批注呢。苏轼自然也清楚那些政敌手段，大搞文字狱，然后在自己文章上做手脚，添油加醋，颠倒是非，当年的“乌台诗案”便是如此。

元祐四年（1089）七月，苏轼再次抵达杭州。虽然自己远离京城了，但苏轼是开心的。一来他远离了朝堂的争斗，二来他的弟弟苏辙倒是官运亨通，先是由户部侍郎升任吏部尚书，封翰林学士，后来还奉命出使契丹，谈判四个月，妥善处理了两国事务，赢得朝野上下的一致称赞。

苏轼来到杭州后，发现了杭州城存在一些问题，官舍陈旧，军营漏雨，军备残破不堪，城门楼顶破漏可见青天。原来这杭州城里的建筑，是钱王时代建立的，如今已有百来年了，存在严重的安全隐患。

于是苏轼上书给朝廷，请求拨款四万贯，重新修筑杭州城里共二十七处的官舍、城门、楼塔、谷仓等场所。当时的杭州已是五十万人口的大城市，却没有一家官家医署。而且杭州人流多，加上钱塘江一带海陆游客聚集，南北往来频繁，容易传染瘟疫。苏轼知晓此事后，几番打探，得到了治疗瘟疫的药方后，他让手下用大字抄写药方，然后在人口密集处贴出告示，好让百姓自我防范。后来，苏轼还从财政之中拨款两千缗，再自掏腰包五十两金子，建起了一所公立医院"安乐坊"。

安乐坊建成之后，深得百姓信任，每天来看病的人络绎不绝。粗略一算，三年里安乐坊至少为一千个病人看过病，甚至许多外地的病人，都慕名而来，前来求医问药。后来病人越来越多，便把安乐坊搬到了湖边，取名"安济坊"。直到苏轼离开杭州后，安济坊这座医院都一直运营着，服务百姓。

除此之外，还有个大问题困扰着苏轼，便是杭州的用水问题。杭州有一条运河，自隋朝时期便开始建立运行，如今几百年过去了，积累的淤泥多不胜数，导致市区用水不便。虽然唐朝之时，有位大臣曾开发西湖水供百姓使用，但到了苏轼这一代，西湖在不断缩小，水越来越少，甚至还有葑草覆盖了半个西湖。

为了使杭州百姓有清水可用，苏轼请教专家，日夜守在西湖边上，记录观察水位，最终制订了一个清淤计划。他上书朝廷，得到同意后马上招募千名工人和船夫，开始动工修湖。

在苏轼的带领下，工人们做事效率高，热情肯干，动力十足，仅用了四个月便完工了。那些天里，苏轼每天守在工地，忍受风吹日晒，他变得又黑又瘦，但他的眼神，却异常坚定，异常清澈。

此时湖岸房舍密集，别墅林立，但西湖湖面宽，住在南岸的人要想步行到北岸，就必须要绕过两里的岸边。于是苏轼想到用挖出来的野草和泥土建成长堤，将长堤修建成直线，这样既可以缩短距离，还能有效地处理淤泥和野草，还可把长堤变成散步的娱乐场所，一举三得。

在苏轼的设计下，长堤上设有六座拱桥，九座亭阁。这个长堤，便是千年之后闻名中外的西湖苏堤。因为苏轼为百姓考虑，深得杭州百姓的爱戴。苏轼还在世的时候，杭州百姓便将长堤上的一座亭阁立作他的生祠，在里面挂了他的画像，百姓时常会进去膜拜他。

西湖还有另外一个问题，那便是如何解决葑草壅塞。一番思考后，苏轼决定把湖面开垦出来，给农夫种菱角。为了提高菱角的产量，农夫自会定期进行除草工作，既可增加农民收入，又保证了西湖的水质，主意甚好。

西湖水源搞定了，便要解决供水的运输问题了。城中有六个水库围绕着西湖，但由于净水管道损坏，百姓经常吃不到干净的水。十八年前，苏轼便在此地担任通判，那时候的他曾协助修过干管，所以相当清楚个中情况。

如今十八年过去了，西湖布满水草，草根夹着淤泥，湖床不断升高，干管损坏，百姓只能喝带盐的水，不然就得花大价钱，购买湖水喝，搞得民不聊生。

苏轼请教曾经修干管的老师傅，如何可以有效地保护干管。老师傅告诉苏轼，把干管换成陶制韧管，上下用石板保护起来。

苏轼倒也爽快，为了民生，只得花大价钱，制作陶管。他顺便还把湖水引入北郊的两个新水库，供军营用水。他身为军事统领，一呼百应，领着一千名士兵办事，轻而易举搞定了此事。

当这套工程系统运行之后，运河水深八尺，城内供水源源不断，百姓可以喝到干净的水，还免除了疏通城内盐桥河的费用，百姓当真敬佩爱戴这样心系百姓的父母官。

除此之外，苏轼还想为百姓做更多的事。他想开发江苏运河系统，想在苏州城外施行拖船泊运计划，即在阜阳也开发一个西湖出来，做成和杭州西湖一般。但苏轼还没来得及做这些事，朝廷又来了一纸调令。

第四节
命运起起落落

元祐六年（1091），苏轼被提拔为吏部尚书。但苏轼人还没抵达京师，便因弟弟苏辙被任命为右丞，所以临时改授苏轼为翰林承旨。苏辙在听到这个消息后，表示自己愿意放弃右丞的官职，朝廷没有同意。

苏氏兄弟均得到朝廷重用，身处高位，政敌自然眼红焦虑，处处攻击他们兄弟。苏轼刚回到京师，便被御史们猛烈抨击。苏轼本就不想与他们争论，于是上疏辞职。政敌见状，又故意散播谣言，说苏轼以退为进，用舆论压力争取相位。苏轼也是无语万分，原来自己做什么都是错的，都是赤裸裸的欲加之罪。

苏轼仅在京师三个月，便以龙图阁学士身份前往颍州（今安徽阜阳）任军州事。颍州天地宽阔，白云蓝天，阳光普照，草长莺飞，但雨水稀少，田间杂草比农作物还要茂盛。

苏轼在颍州任职期间，看到灾民步履蹒跚，拖家带口，从颍州西南向淮河北岸逃难。其间灾民无粮度日，只能撕树皮，与马齿苋、麦麸混煮而食。老弱病残倒在路边无人理会，青壮沦为强盗贼寇，过着打家劫舍的生活。苏轼目睹这人间惨剧，只能尽自己的能力去帮助灾民。

元祐七年（1092）二月，苏轼奉令调到扬州。此时苏轼已经没有选择的余地了，他再次如同浮萍一般，四处漂流。

苏轼在任职途中，遣开侍从，带着小儿子来到乡间村落和百姓聊天。只有最接近百姓，才能知道什么是民间疾苦。扬州本是物产丰茂、人文灵杰之地。苏轼看到了王安石变法的遗祸，虽然田间地头，满是青翠的麦田，但农舍不见一人。

原来农民害怕丰收，丰收之时，地方官便会带着官差来逼迫他们还青苗法的本金与利息。如果还不上高额的本息，就会被捕入狱。苏轼到达扬州后，便上表说“丰凶皆病”，灾荒之年，老百姓饥寒交迫，丰收之年，老百姓反而遭受牢狱之灾，进退两难，百姓皆苦。

元祐八年（1093）秋天，与苏轼有着密切关联的两个女人走了，其一是苏轼的续妻王闰之，其二便是一直支持苏轼的太皇太后。

看着妻子王闰之憔悴的面庞，苏轼心中一颤，曾经那个美貌可人的少女，陪伴着自己走过了颠沛流离的一生，青丝熬成了白发。她脸上留下了岁月雕刻的痕迹，让苏轼心疼，苏轼不觉已泪落双颊。当王闰之咽下最后一口气的时候，苏轼的心仿佛空了，好像有什么东西落在了不可知之地。

不久，太皇太后驾崩。她是神宗的母亲、哲宗的祖母，是苏轼的守护神。她的离世，意味着苏轼以后的仕途之路将会坎坷万分，没有了当权者的支持，没人为自己说话，苏轼的政敌正在黑暗处偷笑。

太皇太后临死之前，早就知道自己的孙子哲宗皇帝对她心怀不满，其中不乏新党人士的游说，当然也有权力的掌控冲突矛盾。她担心自己死后，小皇帝处事轻率，脾气暴躁，没人约束后，一定会亲小人，远贤臣，最终把国家给搞乱。在她临终前十天，范纯仁和苏辙等六位大臣前去探望她时，她便嘱托大臣们，一定照顾好自己，辅助好皇帝，保护好大宋的江山。

太皇太后一去世，苏轼便主动请调河北西部的军区。此处是当时最麻烦的军区，他来到了这里统领步兵和骑兵。宋朝的惯例，皆是文官任职军事将领，武官担任副职。但大多数文官没有行军打仗的经历，也不像武官那样能与士兵同甘共苦。苏轼却不同于其他的文官，他证明了文官亦可以挥斥方遒，指点江山。

当时的军营中军政腐败，将士薪饷低薄，衣服破漏，伙食不堪，简直一塌糊涂。上贪下乱，军纪松弛，官兵们时常酗酒赌博，军营之中，一群孬兵熊将，如何能够抵御外敌，守护江山？苏轼到了之后，马上修建营房，整顿军纪，严惩贪官，以儆效尤，改善士兵伙食服饰。他的一系列措施使得军容军貌大为提升，将士们也十分欣赏这位有着武将风度的文官。

太皇太后去世后的第二年，哲宗改年号为“绍圣”。

绍圣元年（1094）四月，章惇被提拔为相。章惇是新党的代表人物，王安石为相期间，他步步高升，是王安石的有力支持者。太皇太后摄政之后，章惇被监禁，新党被打压。如今太皇太后离世，小皇帝上台，急需培养自己的力量，于是火线提拔章惇，用来对付支持太皇太后的旧党势力。

苏轼虽然是章惇昔日的好友，但苏轼无疑是受到太皇太后庇护的旧党人士，章惇为了报复，自然不会手下留情。他下令削去已亡故的旧党人物司马光、吕公著的封号和官衔。随后他还上疏皇帝，要将司马光挖坟鞭尸，所幸皇帝并没有同意。

对死者尚且如此凶残，更何况活着的人，苏轼自然遭受了牵连。太皇太后离世之时，苏轼要去定州任职，他想上殿辞行，但皇帝不见他。那个时候，苏轼便已知晓这意味着什么。想到昔日的学生，如今成了冷血无情的帝王，苏轼的心中有些凉，好似秋风吹过，凋零了百花。

元祐年间，苏轼所拟的王安石等新党的解职令成为新党的一把利剑。他们直接诬陷苏轼诽谤先帝，于是苏轼被贬到英州（今广东英德）。英州地处岭南地区，当时是蛮荒之地。可怜的苏轼，再次从华北动身，要行一千多里，前往英州。然而还没到英州，朝廷又下了旨意，将苏轼贬谪到更远的惠州，担任远宁军节度副使。

在贬谪途中，苏轼还遇到了赴澧阳（今湖南澧县）上任的苏坚。阔别多年，故人重逢，却是这样的场景。两人还没来得及叙旧，便要匆匆分离了。此去经年，不知是否还有相见之日，两个人均是热泪盈眶，依依不舍地告别，各自奔赴人生的下一个节点。

绍圣元年（1094）十月二日，苏轼抵达惠州。由于苏轼不善理财，即使在身处高位的时候，也没能存下什么钱。当初苏轼去汝州的时候，还是苏辙给了他七千缗，供其家在宜兴定居。如今苏辙也受到新党报复，日子艰难，苏轼就更不用说了。

或许是经历的起落太多，见惯了世事无常，即便是来到环境气候恶劣的岭南地区，苏轼也淡然处之，毫不在意。最开始苏轼的官舍是合江楼，站在楼上，可见岸边石头林立，江水东流，江中渔夫正卖力地撒网，对岸的山城岿然立在陡坡上。

后来苏轼搬到了嘉佑寺居住，无事之时，他便到山顶的小亭散步。一日，他正准备回家，有些累，便到亭子里小憩一会儿。苏轼站立在亭子里，远远看去，在远处的树上发现了露出的屋顶。实在太远了，苏轼不想走了。于是他自我安慰，此处为何不可睡觉呢，难道一定要回家？这样一想，便有种心若挂钩之鱼忽得解脱之感。

来到惠州半年，苏轼身体已经适应了此地的气候，但他也彻底成了闲人一个。可苏轼能从苦中找到快乐，无忧无虑，无悲无喜，自由自在地结交朋友，游山玩水。于是他写下了《行香子·述怀》：

清夜无尘，月色如银。酒斟时、须满十分。浮名浮利，虚苦劳神。叹隙中驹，石中火，梦中身。

虽抱文章，开口谁亲。且陶陶、乐尽天真。几时归去，作个闲人。对一张琴，一壶酒，一溪云。

苏轼一生颠沛，从蜀到京师，从北至南。命运那只无形的手，不停地推动着他往前走。如今的他看淡风云，能够安享作为一个闲人的乐趣。昔日黄州好友写信说要来看他，苏轼回信件一封：

> 到惠将半年，风土食物不恶，吏民相待甚厚。孔子云“虽蛮貊之邦行矣”；岂欺我哉。自失官后，便觉三山跬步，云汉咫尺，此未易遽言也。所以云云者，欲季常安心家居，勿轻出入。老劣不烦过虑亦莫遣人来，彼此须髯如戟，莫作儿女态也。长子迈作吏，颇有父风。二子作诗骚殊胜，咄咄皆有跨灶之兴。想季常读此，捧腹绝倒也。今日游白水佛迹，山上布水三十仞。雷辊电散，未易名状，大略如项羽破章邯时也。自山中归来，灯下裁答，信笔而书，纸尽乃已。三月四日（公元1095年）。

人人说惠州是蛮荒之地，但是苏轼认为这里民风淳朴，环境清幽，实在适合闲居，安度岁月。更何况苏轼的名声在外，性格豪爽，惠州附近的文人墨客，甚至一些地方官，纷纷前来结交苏轼。苏轼也是自得其乐，与来客推杯畅饮。

苏轼曾给好友道士陆惟忠写信，说自己发现了一种新酒，名叫“桂酒”。他开玩笑，让陆惟忠前来品尝。想不到陆惟忠真是性情中人，跋涉两千里，前来探望苏轼，只为了那一壶“桂酒”。有时候太守詹范还会带着厨师，拎着酒菜，来到苏轼家，与之痛饮一番，一起谈诗论赋。苏轼还会陪着太守或者新来本地的人前去白水山游玩，一同欣赏此地的美景风貌。

文人喜饮酒，苏轼自然不例外。来到惠州后，他发现此地每家每户都会自己酿酒。在这里，他尝到了各式各样的美酒，如蜜柑酒、桂酒和米酒。在惠州，苏轼发现了一个美酒天地，为了喝到美酒，他还特地跑去学酿酒，然后把学到的秘方刻石为记，藏在罗浮铁桥下。

章惇为了打压苏轼，特地安排了与苏轼有嫌隙的程之才去南方担任提刑，处理重大的诉讼和上诉的案子。程之才是苏轼的姐夫，只是自从苏轼姐姐离世之后，苏洵便与其绝交，苏轼兄弟与他也有四十多年没书信往来了。章惇想要借程之才之手教训苏轼，不承想事情的发展出乎章惇的意料。

其实苏轼早就想和姐夫重归于好，于是他通过一位朋友，送了一封正式的拜函给程之才。程之才已是耳顺之年，同样也想和苏轼重修旧好。于是双方便见面寒暄了起来，程之才请苏轼为他的祖先写一篇短传。苏轼答应了，毕竟那人也是苏轼的外曾祖父。从那以后，两个人的关系逐渐缓和，彼此之间书信往来日益密切。

绍圣三年（1096）大年初一，博罗大火，全城尽毁。此时衙门已毁坏，为了防止救济灾民的粮食被抢劫，迫切需要建立暂时的居所。然而此时当地的一些官员，无所作为，甚至还要趁机剥削人民，强征物力和民力。苏轼便设法叫程之才通令地方政府，维持市场的货源，不许强征民赋。程之才听取了苏轼的话，为当地百姓做了不少好事。

后来，苏轼为了给百姓办实事，找来程之才和太守、县令一同商量，决定新建大桥两座。一座横越大江，一座横越惠州的湖泊。大桥建好后，极大地便利了需要渡河的居民。建桥之时，苏辙的夫人还捐出了大批朝廷当年赏赐的金币。从事建桥工作的时候，苏轼还建立了一个大冢，重新安葬无主孤骨。苏轼为民所做的事情，百姓铭记于心。

此时的苏轼虽然是个闲职，但他无时不在心系百姓。得知广州常发生瘟疫后，苏轼猜想肯定是饮用水不干净的缘故。于是他急忙写信给广州太守王古，建议王古借鉴自己在杭州时候一般，设立一个公立医院。无论身处什么位置，苏轼都始终没有放弃那颗为国为民的心。

1096年，王朝云因为不适应岭南闷热恶劣的气候病逝，苏轼悲痛不已。想到初到惠州的时候，这里暴发了疫症，体弱的王朝云染上了病症，渐入沉疴。后来经过当地名医的调理，王朝云的身体逐渐有了起色，但一直无法痊愈。1096年农历七月底，王朝云离开了人间，离开了苏轼。看着比自己小二十多岁的妾室，先自己一步而走，苏轼的心该是如何的悲凉呢。那个聪明伶俐、活泼可爱的朝云，他再也见不到了。他想起几年前初到惠州写给朝云的词：

白发苍颜，正是维摩境界。空方丈、散花何碍。朱唇箸点，更髻鬟生采。这些个，千生万生只在。

好事心肠，著人情态。闲窗下，敛云凝黛。明朝端午，待学纫兰为佩。寻一首好诗，要书裙带。

这首《殢人娇·或云赠朝云》词曲依旧在，爱人却已无处寻。苏轼忍着悲痛，将爱妾安葬在了城西丰湖边的山脚下。这里环境清幽，无人打扰。

不远之处，还有一道山溪瀑布，流入湖水之中，能够洗净世间的一切烦恼。山林两边，都是佛寺，傍晚时分，钟声萦绕，松林之中，鸟雀欢唱。有花鸟相伴，有清风相随，朝云应该不会寂寞了。

生前，朝云便喜欢来到此处游玩；死后，就让她在此长眠吧。朝云是位虔诚的佛教徒，周边的庙宇佛堂她都曾去参拜过，为人善良，乐于助人。知晓她不幸辞世后，附近的僧人自发凑钱在她的墓顶建了一座亭阁来纪念她。那亭阁纤细小巧，可观风月，可赏朝霞，可望夕景，取名为“六如亭”。

那年初冬，苏轼来到送风亭，但见两棵梅树上，洁白的梅花肆意地绽放。一朵两朵，好似仙女的淡雅姿态。不知为何，苏轼蓦然想起往年与朝云一起欣赏梅花的情景。往事历历在目，人却无迹可寻，再也见不到了。于是他写下了一首《西江月·梅花》：

玉骨那愁瘴雾，冰姿自有仙风。海仙时遣探芳丛，倒挂绿毛幺凤。

素面翻嫌粉涴，洗妆不褪唇红。高情已逐晓云空，
不与梨花同梦。

丰湖曾是苏轼最喜欢的聚宴场所，自从朝云死后，他再也不忍去了，害怕睹物思人，害怕泪流不止，害怕相思无处寄。

次年二月，苏轼长子苏迈数请获准，来到广东任职。苏迈带着小弟苏过以及两房家小一起来到了惠州，父子相聚。几日之后，白鹤峰居竣工，苏家人搬了进去。有儿子相伴，有家人相随，苏轼一扫愁云，陪孙儿嬉闹，与儿子谈诗聊赋，甚是欢愉。然而不久之后，朝廷便借用“韶惠相邻回避谪籍”为由，将苏迈的公职给罢免了。

虽然父子仕途不顺，但是好在大家都在一起，有亲人的地方，便是有了家，便是有了温暖。已到暮年的苏轼，也习惯了这里的生活。闲暇之时，他便吟诗唱月，诉说此时的心境，却没有想到因此还惹上了大祸。苏轼作《纵笔》诗如下：

白头萧散满霜风，小阁藤床寄病容。
报道先生春睡美，道人轻打五更钟。

没过多久，章惇便读到这首诗，他十分不爽苏轼过得如此安逸恬静。于是他大笔一挥，下令将苏轼贬谪到海南儋州。苏轼本以为可以在惠州安享晚年，房子都建好了，但不承想住了没几个月，便又被对头整治，贬到更远更偏僻的地方。

第八章

归去也：一蓑烟雨，一世苦乐

第一节
心向闲云悠悠然

绍圣四年（1097）四月，六十二岁的苏轼再次开启颠沛流离的生活。这一次，他被贬海南。在宋朝，这是仅次于满门抄斩的处罚，可想而知章惇是多么心狠手辣。

苏轼回想一生，他已经历过两次大贬谪，其一是因为“乌台诗案”被贬黄州，他在黄州一住便是四年。其二便是被贬惠州，在惠州待了三年。

如今是他第三次被大贬，苏轼也不知道自己有命去，是否还有命回。他猜想儋州环境如此恶劣，即便自己身体熬得过去，章惇那个小人也不会放过自己。但是没有办法，他只能硬着头皮起程。

那一夜，无风无月无星，万籁俱静，零星的灯火，忽明忽暗，好似苏轼此时的心情。两个儿子，一路陪伴苏轼来到了广州。苏过决定陪伴父亲一起到儋州，以便照顾父亲，他把妻子、孙儿全部留在了惠州。毕竟海南偏僻万分，少衣少粮，气候恶劣，他不忍心让老迈的父亲独自面对。大儿子苏迈则双眼含泪，与父亲、弟弟一一告别。告别苏迈之后，苏轼两父子上溯西江，走过几百里到达广西的梧州，随后转南行至雷州半岛渡海。

这一路上，苏轼父子除了基本的饮食外，没有药品，没有大夫，全部靠着自己的顽强意志挺过来。他还半开玩笑地说，想到京城有无数人死在大夫的手中，反而觉得自己挺幸运。这一番自嘲，实在令人钦佩。

1097年五月十一日，苏轼在离梧州不远的藤州（今广西藤县）与弟弟苏辙相会。六月五日，兄弟二人一起到达雷州（今广东海康）。雷州是苏辙被贬之所，苏辙自然要尽地主之谊，好好款待哥哥了。他们两兄弟都想不到，在有生之年还能再次相见，二人痛哭流涕，感慨万分。

苏辙每天都会陪着苏轼谈心说话，想要把这辈子的话都说完，因为此去一别，恐再无相见之日。然纵有万般不舍，苏轼也不得不和弟弟分别。

六月十一日，苏轼便要乘船渡海，前往海南了。苏辙一路相伴，陪哥哥登上船，临别前夕，苏辙也在船上过夜，陪着哥哥彻夜长谈。此时的苏轼，痔疮发作，坐立不安，万分痛苦。苏辙则劝哥哥少饮酒，保重身体。

此番生离，如同死别，苏轼看着码头的弟弟，不觉泪洒甲板，海风一吹，滚烫的热泪便飘到了大海之中，不见踪迹。这滴入大海的泪，不正如同他苏轼一般，最终被历史这个大海吞噬得无影无踪。

临行前苏轼知晓自己生还的机会渺茫，于是写信给朋友，算是遗嘱一份："某垂老投荒，无复生还之望。昨与长子迈诀，已处置后事矣。今到海南，首当作棺，次便作墓。仍留手疏与诸子，死则葬于海外，生不契棺，死不扶柩，此亦东坡之家风也。"

1097年七月二日，苏轼抵达儋州。儋州果然如传闻的那般气候潮湿，不适合居住。夏天的时候，闷热异常，蚊虫无数，惹得人浑身瘙痒，让人一身酸臭。冬天之时，浓雾不断，大风不止。秋日时分，湿气不断，搞得许多物品都发霉了。如苏轼一般的老人，特别容易患关节炎、风湿痛。当真如苏轼自己所说："此间食无肉，病无药，居无室，出无友，冬无炭，夏无寒泉。"

幸运的是，苏轼来到儋州后，遇到了县官张中。张中相当崇拜苏轼的才华，他自己也是个围棋高手，与同喜欢围棋的苏过成为莫逆之交。他时常找苏过对弈，苏轼则在一旁观战。张中托关系，将苏轼一家人安顿在张中公馆旁边的官舍里，张中还特地用公款重新装修了一番后，才让苏轼一家人进去住。

每到节日，苏轼的心境可能更加复杂。他远离了家乡和亲人，只有儿子苏迈一个人陪伴，常常会怀念过去的时光，回想起与家人、朋友团聚的美好时刻。

尽管如此，他仍努力保持乐观和豁达的心态。闲暇时他会享受寂静的时刻，欣赏自然美景、品味当地的美食，通过文学创作来舒缓孤独感，用诗词和文字记录下这些特殊时刻，寻找内心的宁静与释放。

虽然苏轼与大部分亲人两地相隔，但是儋州的地方官相当敬重苏轼，逢年过节的时候，经常邀请苏轼父子一起共度佳节。每逢佳节倍思亲，想到去世的亲人，想到漂泊他地的家人，苏轼便写下了《上元夜过赴儋守召独坐有感戊寅岁》：

使君置酒莫相违，守舍何妨独掩扉。
静看月窗盘蜥蜴，卧闻风幔落蛜蝛。
灯花结尽吾犹梦，香篆消时汝欲归。
搔首凄凉十年事，传柑归遗满朝衣。

元符元年（1098）三月，苏轼的好友道士吴复古来海南，和苏轼住了几个月。他带来一个与苏轼密切相关的消息，朝廷打算派遣董必来视察、报告被贬谪大臣的情况，如有必要，还可继续弹劾起诉被流放的大臣。最初朝廷是打算派吕升卿来广西视察，当时的儋州隶属广西，吕升卿则是吕惠卿的弟弟，此人也是新党中人，如果将其派出，苏家兄弟将会更加艰难。幸亏有官员劝阻皇帝，说吕升卿必不能从公禀报，必致激起私仇大恨。所以朝廷最终才派吕升卿去广东，让董必来广西。

但董必也不是善茬儿，直接诬陷苏辙强占民房，雷州太守厚待罪臣，导致雷州太守被撤职，苏辙被贬到惠州。董必本想亲赴海南，但他的副手彭子明提醒他，别忘了自己也有子孙，做人不能太过分，得饶人处且饶人。董必听了后，便只派下属过海，察看苏轼情况。其属下来到海南后，发现苏轼住在官舍里，县官张中优待于他。于是其属下将苏轼从官舍逐出，他还举报张中，导致张中被革职。

苏轼很不爽董必，据说后来还写了一篇寓言，专门讽刺他。话说有鱼头水怪奉龙王广利之命，前来把苏轼拉往海中。他去时身穿道袍，头戴黄帽，足蹬道履，不久便觉行于水下。忽然雷声隆隆，海水沸腾，强光一闪，他发现自己已经站在水晶宫中，龙宫中有好多珠宝，琳琅满目。不久，龙王盛装而出，二宫女随侍，苏轼问有何吩咐。不久，龙后自屏风后出来，递给他一块绢，有十尺长，求他在上面写诗一首。苏轼在绢上画了水国风光和水晶宫的霞光瑞气。他写完诗，各水中精灵都围着看，虾兵蟹将莫不赞美连声。鳖相公当时也在，他迈步走出，向龙王指出苏轼诗内有一个字，是龙王的名字，应当避圣讳。龙王一听，大怒，苏轼退而叹曰："这鳖相公到处坏我事。"鳖与必发音相近，此篇估计就是苏轼酒后讥讽董必而作。

无处可居，无床可睡，苏轼倒是不担心，不害怕。他反而为张中担忧，是苏家父子连累了对方。想到张中丢了官职，苏轼便万分愧疚。或许是苏轼人品性情俱佳，所以无论到何处，都能找到好友知己，都能遇到良朋益友。张中不怨苏家父子，因为真正的朋友不怕麻烦。每每想到这些耿直善良的朋友，苏轼禁不住热泪盈眶。

第二节
回首已枉然

元符元年(1098)九月十二日,苏轼在日记中谈到自己的处境。

> 吾始至南海,环视天水无际,凄然伤之曰:“何时得出此岛耶?”已而思之:天地在积水中,九洲在大瀛海中,中国在少海中。有生孰不在岛者。譬如注水于地,小草浮其上,一蚁抱草叶求活。已而水干,遇他蚁而泣曰:“不意尚能相见尔。”小蚁岂知瞬间竟得全哉?思及此事甚妙。与诸友人小饮后记之。

没地方住是个问题,但不是什么大事,苏轼当年在黄州不就是自己建房开荒吗?于是苏轼在城南污池旁找了一片桄榔林,父子二人动手盖房。当地的百姓,纷纷过来帮忙,给苏家父子送来盖房的材料。没过多久,茅屋便搭建成了。苏轼还给自己的小屋取名为“桄榔庵”。

“桄榔庵”虽然简陋，只有三间房，但有了住处便可安心了。晚上躺在屋里，还会听到百姓猎鹿之声。早晨，猎户敲开苏轼的家门，送上鹿肉给苏轼开荤。除此之外，当地的百姓还会给苏轼送来粗布、食物，让其抵御寒冷，解决温饱。每年的腊月二十三是海南百姓的祭灶日，拜过神灵后，百姓会把祭肉送给苏轼。淳朴善良的岛民，给了苏轼无限的温暖与感动。雪中送炭比锦上添花更加体现人性的美好。

岛上难得有好墨，更无好笔好纸，本是文人墨客的苏轼父子为此苦恼许久。于是他们父子尝试制墨，其中一次，苏轼烧松脂制黑烟灰，直接引起大火，差点把住房给烧掉。就是在这样艰苦的环境中，苏轼父子相互安慰，抱团取暖，一住就是三年。在此三年时光中，苏过一直陪伴侍奉苏轼。他帮助父亲做杂事，担任苏轼的书童、仆人。苏过在父亲的耳濡目染下，成为文化造诣较高的诗人与作家。

在海岛上，苏轼广交朋友，与僧人嬉笑，采药健身，忙得不亦乐乎。他还在苏过的帮助下，收集整理出杂记，编成《志林集》。即便是身处逆境，未来无望，苏轼也在乐观生活，认真待人，努力做事，绝不浪费生命。

春风送暖，桃花艳红，耕牛拖着犁具，卖力地劳作。苏轼看着满目的安逸恬淡的春景，不由得诗兴大发，写下了一首词《减字木兰花·立春》：

春牛春杖，无限春风来海上。便丐春工，染得桃红似肉红。

春幡春胜，一阵春风吹酒醒。不似天涯，卷起杨花似雪花。

元符三年（1100）正月九日，二十四岁的哲宗驾崩，他的弟弟赵佶（徽宗）继位。赵佶即位前，向太后（神宗皇后）摄政，起用韩忠彦、李清臣为相，这二人上位后，开始逐渐起用当初同苏轼一样被贬谪的大臣，这也带给了苏轼一丝希望。但几个月后，向太后便还政给新皇帝。赵佶成为一国之君，虽然他艺术细胞极强，才华横溢，能写会画，能歌能舞，可惜就是毫无治国之才。他登基之后，继续执行哥哥的方针，重用了同一批人。

神宗太后活着的时候，庇护着许多旧党人，流放的许多学者都获赦升官。徽宗即位后不久，苏轼被调廉州（今广西合浦）安置。苏轼渡海到雷州一个月后，又奉诏授舒州（今安徽安庆）团练副使，永州（今湖南零陵）安置。元符三年（1101）大赦天下，苏轼复任朝奉郎，踏上了北归之途。

此时的苏轼已经六十四岁了，因为常年的颠沛流离，他的身体很孱弱。但他依然乐观，给朋友写的信中还有这样一句话："尚有此身付与造物者，听其运转流行坎止无不可者。故人知之，免忧煎。"到了六月三日，苏东坡身体十分虚弱。天气热得很，他得了痢疾，但此处缺医少药，苏轼只能自己咬紧牙关、苦苦支撑。后来苏轼自己弄了些草药吃后，身体恢复不少，可落下了病根。吃饭难消化，夜里难入眠，身体虽然虚弱，但苏轼一直还在坚挺着，不向病痛屈服。

皇帝更替，朝廷的新势力自然要上台，当年呼风唤雨的章惇也倒台了，被贬为雷州司户参军。当真是天道好轮回，苍天饶过谁。

此时，苏轼收到了章惇之子章援的信。想当年苏轼得势之时，还亲笔提点章援为科举第一名，算起来他还是苏轼的门生呢。可惜后来章惇翻脸，疯狂报复苏家后，章援便再没提当年苏轼的提拔之恩。想起往事，苏轼苦笑一声，打开书信内容一看，里面洋洋洒洒写了七百字，坦言说这些年不能登门拜访苏轼的原因，希望苏轼原谅自己之类的话语。原来章援害怕苏轼会重新掌权，然后会报复已经下马的章家人，所以前来探苏轼的口风。

苏东坡倒也大度，当下提笔回信，信中大意内容，简略讲了苏轼和章惇之间多年的交情，表示自己已经老了，不知还可活几日，那些恩怨情仇，他早就忘了。他还惋惜感叹，说可能再也无法见到章惇这个故人了。

章援收到苏轼的回信，感动得泪流满面，不知不觉，悲从中来，想到父亲与苏轼本是好友，却因为政见不同反目成仇，最终落得晚景凄凉的下场。算起来，苏轼还是自己的老师，想不到恩师竟然有如此博大的胸怀，能不计前嫌。想到此类种种，章援唏嘘不已。

在儋州待的几年里，环境虽然艰苦，可苏轼把这里当成了另一个故乡，还写下了“我本儋耳氏，寄生西蜀州”这样的诗句，更是用自己的力量在儋州办学堂，声名远扬，许多人都愿意长途跋涉前来求学。

苏轼没到海南之前，百余年来无一人进士及第。苏轼之后，海南的姜唐佐便举乡贡了。为此苏轼题诗：“沧海何曾断地脉，珠崖从此破天荒。”没有苏轼，便没有后来的儋州文化，他的余光余热一直照亮温暖着整个儋州。

第三节
返璞归真寻本心

神宗太后过世后，朝廷的动向不明。苏轼思前想后，觉得此刻不宜离京师太近，最终决定在常州定居。苏轼来到常州后，百姓沿着运河两岸夹道欢迎。有了家人的陪伴，苏轼的心情舒畅了不少，身体也有所恢复。

此时，朝廷任命他为一个寺院的管理人，但家人担心苏轼身体不好，于是他辞掉了这个工作。没多久，苏轼的病情加重，每天只能躺在床上，食不下，睡不着，苏轼隐隐约约猜到了自己大限将至。

此时苏轼的三个儿子都已长大成人，才华横溢，苏轼见到他们各自成才，十分欣慰。躺在病床上的他，似乎还不服输，还时常指点儿子学问。

在父亲的指导下，苏过的文章《志隐》得到了世人的认可。就连苏轼自己也说，这篇文章写得好，哪怕自己此时还在海岛，哪怕此时身边全是夷人，他也可以安稳放心地生活了。

在那些日子里，苏轼的好友钱世雄不仅帮苏轼租房子住，还天天前去看他。从前苏轼还在南方的时候，钱世雄便一直寄药给苏轼服用，可惜不见效果。

苏轼十分珍惜与钱世雄的友谊，或许他也知道，这很有可能是与钱世雄最后的相处时光了。只要自己稍有好转，他便写字条让儿子将钱世雄请来聊天。然而一天，钱世雄开心地前来找苏轼叙旧，却发现苏轼已经坐不起来了。

钱世雄急忙走上前去，仔细聆听苏轼吐出的最后言语。苏轼轻声细语地说着与钱世雄的交情，钱世雄听得双目通红，泪满眼眶。此时苏家人也知道苏轼可能马上便要驾鹤西去了，心中不由得悲伤起来。

苏轼深吸了一口气，缓缓交代了一些事情，他在海南的时候，把《论语》《尚书》《易经》都做了注解。他想把这三本书稿托付给钱世雄，希望他能帮忙保存好。如今先不要示人，待到三十年后再面世，到时候把它们公之于众，应该会引起重视的。或许这算是苏轼对钱世雄的另类报答吧，当然更多是苏轼对他的信任。

儿子将三本书稿拿了过来，恭敬地递给了钱世雄。钱世雄擦了擦手，庄重地接过包裹得密实的书稿。苏轼看了一眼书稿，放心地点了点头。钱世雄接过稿子后，向苏轼保证自己会保护好书稿，还劝慰苏轼要保重身体。

苏轼看着一屋子的人全都带着泪光，想要再说些什么，却已没有力气，只能挥手示意。众人急忙帮他把被子拉上，随后一起默默地陪伴着他。

元符三年（1101）年七月十五日，苏轼病情恶化，先是夜里高烧不止，早上家人给他喂水时，发现苏轼一嘴的血，仔细一看，是牙根出血了。苏轼自己也感觉浑身无力，钱世雄急忙四下寻医问药，得到几种所谓的奇效药。但苏轼知道自己的情况，无力回天了，于是他没有服药。此时的苏轼，每天吃不下饭，只能喝人参、麦门冬、茯苓熬的药汤。即便是喝汤，他也喝不下多少，到后来，就连喝汤都没力气了。

七月十八日，苏轼把儿子们叫到床前，交代后事。他要让弟弟苏辙给自己写墓志铭，还要把自己和爱妻的骨灰一起葬到苏家的山麓上。交代一切之后，苏轼眼神明亮了起来，可以坐在床上了。家人们都知道这很可能是回光返照，但是又都在心里默默祈祷苏轼已经恢复了。

七月二十五日，苏轼病重，杭州的老友维琳方丈赶来看他，天天陪着他说话。方丈每日与苏轼聊佛法，苏轼慧根极高，方丈希望他可以领悟佛法，最终恢复健康。苏轼却微微一笑，世上的高僧都没有不老不死的，何况自己这个俗世之人呢。

七月二十八日，苏轼气息不稳，呼吸困难。按照风俗，家人在他的鼻子上放了一点棉花，来观察他的呼吸。方丈则陪在他身边，在耳边好声安慰他，让他想想自己的来生。苏轼虚弱地说，西天或许有，空想前往却是无用。

钱世雄在一旁着急担心地看着苏轼，让苏轼再努力想想吧。苏轼轻言说，勉强去想就大错特错了。钱世雄还想劝慰一句，却见苏轼鼻子上的棉花再也不动了。

随着方丈的一声“阿弥陀佛”，一代文豪苏轼就此与世长辞，终年六十五岁。这一天，苏家哭声震天，常州百姓个个含泪。

临死之前，苏轼回想起了自己这一生。也曾年少轻狂，踏马赏花；也曾一日看尽长安花，风流人人夸；也曾皇恩浩荡，位极人臣，得到名誉荣华；也曾被流放边陲，尝遍人间冷暖。他曾跨过山和大海，也穿过人山人海，他曾拥有过一切，转眼都飘散如烟。他曾失落失望，失掉所有方向。但他最终克服了困难，找寻到了生命的真谛，或许平凡才是唯一的答案，或许内心的宁静，才是人这一辈子应该追求的最高境界。

苏轼想到了曾经在自画像前说的：“问汝平生功业，黄州、惠州、儋州。”正是这三处被贬谪之地，正是这些坎坷之路，构成了他的人生。

四十三岁那年的“乌台诗案”，让他差点命丧黄泉，身首异处，最终被贬黄州。晚年更是惨不忍睹，一贬再贬，最终被贬到南蛮荒岛，让自己饱受折磨。苏轼的身体虽然饱受摧残，但他的精神却永不会被打败，如同顽石，如同永远不会被折弯的铁板。正是那些磨难，造就了苏轼唐宋八大家的地位，使得苏轼成为流传千古的风流人物，受到一代代人的钦佩，折服了后世万千文人墨客。

苏过看着安详离开的父亲，脑海之中，瞬间闪过无数个父亲的画面。父亲走过的路、遇到的人，父亲读过的书、恋过的人，父亲开垦过的荒地、建造的房屋，父亲酿造过的美酒、写下的诗词，父亲领着百姓修水管、建苏堤，父亲遭受无妄之灾的无奈以及看破世事的淡然，全部在苏过的脑海中闪现。

父亲这一辈子值了，其生也荣，其死也哀。

苏轼去世后，苏过按照父亲的遗愿，扶灵送父亲葬于汝州。此后苏过便在汝州附近的颍昌住了下来，还在家附近的湖边种上几亩竹子，然后在竹林下读书吟诗，听风静心。苏过的性情与苏轼十分相似，都比较耿直，喜欢清净，似乎俗世之间，已经没有什么东西能够污染他们了。

他还经常拿着父亲的文集阅读背诵，自号“斜川居士”。苏过虽然在文学上的成就不如父亲，但其在性格上比父亲更加稳重得体，更正直无邪。苏过的《思子台赋》《飓风赋》早在当时便广为流传，他的才华也得到了世人的认可。人们将苏轼称为“大坡”，将苏过称为“小坡”。

就连苏辙都为有苏过这样的侄子而感到自豪，他时常称赞苏过的孝道，以此教育宗族的子弟。

时光飞逝，帝王更替，文人辈出，然苏轼只有一个，千秋万代，独一无二的苏轼。宋高宗于乱世被推上皇位后，十分倾慕其才华，追加苏轼为资政殿学士，还把苏轼的孙子苏符封为礼部尚书。

他还喜欢把苏轼的文章放在御案上，每当批奏折疲惫的时候，便拿出来品读一番。宋高宗还亲自写了集赞，赠给苏轼的曾孙苏峤，称赞苏氏一门文名赫赫，还在朝堂之上，推崇追赠苏轼为太师，谥为“文忠”。

第四节 人间有味是清欢

苏轼虽然仙去，但他留给后辈的妙谈千年不衰。

宋朝有位学者叫章元弼，十分崇拜苏轼，整夜端读苏轼的词文，即便是美貌的妻子与之说话，他也不搭理。原来他沉迷于苏轼诗词所营造的意境无法自拔，导致两耳不闻其他音。

红颜不理，自然惹其生气，然而章元弼不思改变，还是整日坐在房间里，看苏轼的文章，时而微笑，时而点头，简直成疯成魔。最终导致新婚妻子忍无可忍，与之离婚。原来妻子认为他喜欢苏轼比喜欢自己还多，这样的男人，要来干吗?

苏轼因为性格直爽，得罪了不少人。但也因为他的耿直，得到了许多人的欢迎追捧。他在任职翰林学士时，皇帝十分欣赏他，便与之彻夜长谈。事情谈完之后，已是深夜，苏轼便很无语地被关在宫里了。

韩宗儒酷爱美食。在一次宴会上，他偶然得知名将姚麟痴迷收藏苏轼的字画，而他自己平时便与苏轼有书信来往。于是他灵机一动，想到拿苏轼的书信与姚麟换肉，一封书信换取十斤羊肉。每次他想吃肉的时候，便会与苏轼写信聊天，然后再拿着苏轼的回信去换羊肉。

直到一天，苏轼的好友黄庭坚知道此事后，赶忙跑到苏轼面前，戏笑苏轼。他说：王羲之的字被人称作换鹅书，你与王羲之不相上下了，你的字现在可以称为换羊书了。说完后，他便忍不住哈哈大笑。苏轼听完也是哭笑不得。

一日，韩宗儒又开始嘴馋，于是一天之内，他就写了好几封书信，派人送给苏轼，希望能得苏轼书信回复。哪知那日苏轼忙得不可开交，便让助手口头传话，以此回复对方。没想到助手无奈地回来，说对方坚持要书信回复。苏轼让助手告诉来人，今日断屠。意思便是告诉韩宗儒今日不杀生，你还是别吃羊肉了。

苏轼是个执着到极致的人，一次朝堂之上，他与司马光因为政见不合，直接吵了起来。司马光主张废除王安石变法时确立的“免役法”，恢复成“差役法”。苏轼则认为“免役法”利弊参半，不一定要彻底废除，司马光却执意不听。苏轼觉得司马光太过固执，下朝后便气呼呼地跑回家了。到家里，对着妻子骂司马光是司马牛。这司马牛本是孔子的弟子名，出现在《论语》里，苏轼借此人名，讽刺司马光脾气倔强如牛。

苏轼曾对好友钱勰说他喜欢乡下的朴素生活，一碗米饭，一碟萝卜，外加一碗菜汤，便可以吃得开开心心。一日，钱勰送来一张请帖，邀苏轼赴饭局，请帖上还有“将以三白待客”的留言。

苏轼听闻湖州有许多美味，以为钱勰所说的三白是著名的“太湖三白”（即翘嘴白鱼、白虾、银鱼）。于是苏轼兴致勃勃地跑去赴宴，以为可以大饱口福了。没承想到了钱家一看，桌上果然有三件白色之物：一碗白米饭，一碟白萝卜，一碗清汤。苏轼恍然大悟，敢情钱勰这是在以“三白待客”来戏耍自己呀。

来而不往非礼也，苏轼决定也要耍耍钱勰。半月之后，他发了请帖给钱勰，说请其吃“三毛餐”。钱勰一愣，不知这“三毛餐”是何物，好奇地去苏府赴约。可他来到苏家一看，桌上什么都没有。

苏轼还一本正经地请钱勰上座，钱勰等了许久，不见上菜，便不客气地说自己肚饿难耐，快点上菜吧。却见苏轼笑眯眯地说：钱兄，现在开吃，请好好享用这顿“三毛餐”吧！

钱勰一头雾水，不知吃些什么。苏轼这时候才解释，“三毛餐”，就是毛米饭、毛萝卜、毛菜汤呀！原来，东坡口中的“毛”不读 máo，该读作 méi，即“没”。“三毛餐”，竟是啥都没有的“三无餐”。钱勰这才回过神来，好家伙，苏轼你这典型是报复自己当日的“三白之约”呀。当然了，玩笑归玩笑，苏轼总不会让好友饿着肚子白跑一趟。随后，一桌丰盛的饭菜便上桌了，二人大快朵颐，尽兴而罢。

苏轼喜欢捉弄人，也爱开人玩笑。一次，一位名不见经传的文人，带着自己写的一卷诗，前去请教苏轼。苏轼温和地让对方先读一下他带来的诗，只听那人激情澎湃、得意扬扬、滔滔不绝、信心满满地读了出来。那人读完之后，恭敬地等苏轼的评语。苏轼一脸无邪地说一百分，那人听了十分开心，毕竟得到苏轼的认可，看来自己马上便要在文坛出名了。哪知苏轼来个神补刀，读得这么好，可得七十分。写的这文章，可得三十分。此时，估计那个文人已经哭晕在厕所。

一生漂泊的苏轼，却从未忘记做学问，在艰苦的环境里，努力做学问，努力生活。他先后写有《东坡集》四十卷、《后集》二十卷、《奏议》十五卷、《内制》十卷、《外制》三卷、《和陶诗》四卷。都说文人相轻，但苏轼对待其他文人，都把他们当成朋友知己，当时的文人如黄庭坚、晁补之、秦观、张耒、陈师道，未扬名时苏轼就以朋友的身份待之，给予他们提携帮助。

苏轼是中国文学史上最著名的文学家之一，但他在逝去之时，心里牵挂的依然是自己当年千辛万苦、费尽精力建造的雪堂以及开垦出来的五十余亩田地。对苏轼来说，为官之乐，并不强烈。

正如他在一篇笔记中谈及苦与乐说的："乐事可慕，苦事可畏，皆是未至时心尔。及苦乐既至，以身履之。求畏慕者初不可得况，既过之后复有何物。此之寻声捕影系风迩梦尔。此四者犹有仿佛也。如此推究，不免是病，且以此病对治彼病。彼此相磨安得乐处。当以至理语君，今则不可 。"

苏轼这一生有三个女人，有四个儿子，陪伴在他身边的女子，个个认真细心侍奉他，使得他不必担心琐碎的家事。除了小儿子不幸夭折外，苏轼的其他三个儿子个个成就不低，名动一时。苏家的家风蔚然，令人称赞。他这一生，父慈子孝，儿媳敬重，算是享尽了人伦之乐。

他出身名门，曾位居高官，也曾官场失意，被贬至蛮荒之地。他半生颠沛流离，风霜雪雨，看过海边的海浪，闻过南方的美酒，听过蜀地的竹笛，感受过北方的雪，体会过南方的阳光。

悄然之间，他竟然已走了大半个中国。虽然受尽了苦难，但苏轼始终积极向上，以一颗顽强的心，对抗着朝堂对他的恶，不屈地反抗政敌对他的迫害。苏轼活成了一代文人的风骨，达则兼济天下，穷则独善其身，以一颗淡泊的心，不畏将来，不念过往，不以物喜，不以己悲。

苏轼这一生有知己好友，有诗词歌赋，有起有落，可谓精彩至极。正如刘辰翁所言：词至东坡，倾荡磊落，如诗，如文，如天地奇观。

进，可论天下；退，可做东坡肉。上，可指点江山，为国为民；下，可隐于山林，怡然自得。此乃苏东坡是也。